本书出版得到广东省普通高校人文社科重点研究基地：珠三角产业生态研究中心（项目编号：2016WZJD005）和广东省社会科学研究基地：东莞理工学院质量与品牌发展研究中心（项目编号GB200101）资助

经济管理学术文库·经济类

技术创新与出口二元边际扩张
——基于中国制造业贸易的经验研究

Technical Innovation and Dual Margin of
Final Goods Exporting
——An Empirical Study on China's
Manufactured Goods Trade

黎 伟／著

图书在版编目（CIP）数据

技术创新与出口二元边际扩张——基于中国制造业贸易的经验研究/黎伟著．—北京：经济管理出版社，2019.6
ISBN 978-7-5096-6623-4

Ⅰ.①技… Ⅱ.①黎… Ⅲ.①技术革新—影响—制造工业—国际贸易—研究—中国 Ⅳ.①F426.4

中国版本图书馆 CIP 数据核字（2019）第 101453 号

组稿编辑：杨国强
责任编辑：杨国强　张瑞军
责任印制：黄章平
责任校对：董杉珊

出版发行：经济管理出版社
　　　　　（北京市海淀区北蜂窝 8 号中雅大厦 A 座 11 层　100038）
网　　址：www.E-mp.com.cn
电　　话：（010）51915602
印　　刷：三河市延风印装有限公司
经　　销：新华书店
开　　本：720mm×1000mm/16
印　　张：11.75
字　　数：160 千字
版　　次：2019 年 8 月第 1 版　2019 年 8 月第 1 次印刷
书　　号：ISBN 978-7-5096-6623-4
定　　价：68.00 元

·版权所有　翻印必究·
凡购本社图书，如有印装错误，由本社读者服务部负责调换。
联系地址：北京阜外月坛北小街 2 号
电话：（010）68022974　邮编：100836

前　言

长期以来，中国在全球贸易中一直扮演着"世界工厂"的角色，出口和投资是中国经济增长的主要驱动力。中国制造业企业凭借着国内较低的生产成本，如资源、土地和劳动力等要素，在中低端加工制造业中优势明显。然而，这一切在2008年金融危机爆发后发生了改变。在外需周期性放缓与国内经济结构转型，资源、环境、劳动力等要素价格从扭曲状态向正常化的转变过程中，出口企业经历了"内忧外患"：发达经济体需求疲弱，降低了中国出口市场的总体规模；对质量、安全的更高要求，使以往靠量取胜的低附加值产品销路受阻；东南亚周边国家的替代效应，正在侵蚀中国企业的全球市场份额。这一切都表明，全球贸易市场正在经历深刻变革，中国出口制造业的"低成本模式"已经逐渐失去竞争优势。如何提升出口竞争力、寻找新的比较优势、提高出口增长抗风险能力成为"中国制造"面临的一大难题。

与传统贸易理论和新贸易理论不同，新新贸易理论（异质性企业模型）关注贸易流量的微观结构，提出二元边际的概念，即贸易增长可以通过扩展边际（Extensive Margin）和集约边际（Intensive Margin）的扩张实现。

本书基于企业异质性贸易引力理论框架，将技术创新变量融合到异质性企业贸易引力模型中，在一个统一的理论框架中讨论技术创新优化出口二元边际结构的机制。研究表明,技术创新可以提升企业的生产率,对出口的扩展边际以及集约边际都有积极的作用。FDI 是影响本土企业技术创新的重要因素。以跨国公司为主的 FDI 进入国内市场后,有可能在行业内的技术溢出缓解了企业出口的生产率约束,则 FDI 促进了企业的技术创新,从而促进了集约边际或者扩展边际;也有可能吞噬了行业内企业的利润空间,从而抑制了企业的技术创新,导致企业产品的竞争力下降,抑制了集约边际或者扩展边际。

在实证分析中,本书分别基于微观贸易数据和中国工业企业数据进行检验。首先,使用 1992~2013 年 UN Comtrade 提供 HS(2002)六个数位编码从 020110 到 961220 的贸易数据,样本集合最多包含了中国 213 个贸易伙伴和 4424 种制造业的出口产品。利用第 3 章推导出来的融入技术创新的异质性企业贸易引力模型检验了技术创新对制造业出口的二元边际的影响。研究发现,技术创新促进了制造业出口的二元边际,并且技术创新对我国制造业出口的影响主要体现在集约边际上。外部需求和综合贸易成本主要通过扩展边际影响制造业的贸易增长。另外,本书研究了 FDI、FDI 技术溢出对制造业出口二元边际的影响。研究表明,FDI 对出口扩展边际和集约边际具有显著的推动作用。FDI 缓解了我国制造业行业技术创新不足的约束,对我国技术创新有促进作用。FDI 技术溢出对我国制造业出口二元边际起促进作用,对扩展边际的扩张作用更突出。从较长一段时期内看,FDI 对出口二元边际的影响呈倒"U"形曲线。要促进制造业的出口,无论是沿着集约边际还是扩展边际的扩张,当前外商直接投资政策的基本方向仍然是扩大外资进入的规模和领域。

此外,我们特别关注宏观经济冲击发生时,技术创新对出口二元边际的影响,研究发现,宏观经济冲击对集约边际的影响更大,或者说集约边际的波动是导致中国制造业出口波动的主要原因。当宏观经济冲击发生时,如果中国制造业出口更多依赖于出口的扩展边际,出口会更加稳健。当冲击发生时候,技术创新促进扩展边际,从而使"产品多元化"和"地区多样化"在我国制造业面临宏观经济冲击时具有稳定器的作用。宏观经济冲击发生后，技术创新对促进扩展边际的反弹比集约边际更迅速。

本书基于 2005~2008 年中国工业企业数据，分别用 Probit 模型和 Heckman 两阶段模型估计了技术创新、FDI、FDI 技术溢出对制造业企业出口二元边际的影响。研究表明，技术创新不仅有利于促进企业的出口参与，还有利于其扩大出口份额。技术创新对制造业企业出口扩展边际的影响要大于对企业集约边际的影响。FDI 对出口扩展边际和集约边际也起到显著的推动作用。FDI 缓解了我国制造业企业技术创新不足的约束，对我国技术创新起促进作用。FDI 技术溢出对我国制造业出口二元边际起促进作用。企业的前期出口经验、企业规模以及全要素生产率对制造业企业出口的二元边际有正向的影响。

目　录

第1章　导论 ……………………………………………………………… 1

 1.1　研究背景 ………………………………………………………… 1

 1.2　研究意义 ………………………………………………………… 3

 1.3　相关问题的提出 ………………………………………………… 4

  1.3.1　技术创新如何影响我国制造业出口的二元边际 ………… 4

  1.3.2　为何中国制造业出口增长面对宏观经济冲击时如此脆弱 … 6

  1.3.3　FDI如何影响我国制造业的技术创新及出口二元边际 …… 6

 1.4　相关概念的界定 ………………………………………………… 7

  1.4.1　技术 ……………………………………………………… 7

  1.4.2　技术创新 ………………………………………………… 9

  1.4.3　FDI技术溢出 …………………………………………… 12

  1.4.4　出口的二元边际 ………………………………………… 13

 1.5　研究思路和结构 ………………………………………………… 16

  1.5.1　研究思路 ………………………………………………… 16

  1.5.2　结构 ……………………………………………………… 16

1.6 研究创新点与研究不足 ································ 18
    1.6.1 研究创新点 ····································· 18
    1.6.2 研究不足 ······································· 20
1.7 研究方法 ··· 21

第2章 文献综述 ··· 23

2.1 贸易增长二元边际的决定：基于贸易理论的演进 ········· 23
    2.1.1 传统贸易理论：完全竞争与规模报酬不变 ········ 24
    2.1.2 新贸易理论：不完全竞争和规模报酬递增 ········ 26
    2.1.3 新—新贸易理论：企业异质性 ·················· 27
2.2 贸易增长二元边际的福利效应及影响因素 ················ 29
    2.2.1 贸易增长二元边际的福利效应 ·················· 29
    2.2.2 贸易增长二元边际的影响因素 ·················· 34
2.3 技术创新与FDI的关系研究 ··························· 40
    2.3.1 理论研究 ······································· 40
    2.3.2 实证研究 ······································· 42
2.4 本章小结 ··· 45

第3章 中国制造业出口二元边际及技术创新现状 ············ 46

3.1 中国制造业出口现状分析 ······························ 47
    3.1.1 中国制造业出口总量分析 ······················· 47
    3.1.2 中国制造业出口结构分析 ······················· 50
3.2 中国制造业出口二元边际 ······························ 54
    3.2.1 指标说明 ······································· 54
    3.2.2 中国制造业整体出口二元边际分析 ·············· 58

3.2.3 中国制造业分行业出口二元边际分析 ………………………… 60
3.3 中国制造业技术创新现状分析 ……………………………………… 65
3.3.1 中国制造业整体技术创新现状 ………………………………… 65
3.3.2 中国制造业细分行业技术创新现状 …………………………… 67
3.4 本章小结 ……………………………………………………………… 69

第4章 技术创新与制造业的出口二元边际：影响机制和理论分析 ……… 70

4.1 Chaney 理论框架及简化 …………………………………………… 70
4.1.1 消费者行为 ……………………………………………………… 71
4.1.2 厂商行为 ………………………………………………………… 73
4.1.3 需求 ……………………………………………………………… 75
4.1.4 利润 ……………………………………………………………… 75
4.1.5 出口企业的数量以及出口总额 ………………………………… 77
4.2 模型扩展——技术创新与企业的异质性 …………………………… 77
4.2.1 基本假设 ………………………………………………………… 78
4.2.2 生产和消费：引入技术创新 …………………………………… 79
4.2.3 均衡分析 ………………………………………………………… 80
4.2.4 技术创新与出口的扩展边际 …………………………………… 82
4.2.5 技术创新与出口的集约边际 …………………………………… 83
4.3 本章小结 ……………………………………………………………… 86

第5章 技术创新与中国制造业的出口二元边际：产品层面 ……………… 88

5.1 模型设定 ……………………………………………………………… 91
5.2 变量选取和数据说明 ………………………………………………… 92
5.2.1 二元边际 ………………………………………………………… 93

5.2.2 技术创新（$INNOV_{it}$）……93
5.2.3 进口国市场需求（GDP_{it}）……94
5.2.4 贸易成本（DIST）……95
5.2.5 外商直接投资（FDI）……96
5.3 计量结果及分析……96
5.3.1 基准模型的回归结果……96
5.3.2 技术创新、FDI技术溢出与出口二元边际……100
5.3.3 宏观经济冲击、技术创新与出口二元边际……105
5.3.4 稳健性分析……108
5.3.5 内生性问题……113
5.4 本章小结……116

第6章 技术创新与中国制造业的出口二元边际：企业层面……119

6.1 出口企业异质性的基本特征……120
6.1.1 数据来源及整理……120
6.1.2 出口企业的总体异质性特征……122
6.1.3 出口企业的生产率异质性……123
6.2 模型设定和指标说明……125
6.2.1 模型设定……125
6.2.2 变量选取与指标说明……126
6.3 实证结果及分析……128
6.3.1 技术创新与企业出口的扩展边际……128
6.3.2 技术创新与企业出口的集约边际……131
6.3.3 稳健性分析……134
6.4 本章小结……138

第7章 结论和政策建议 ······ 140

7.1 主要结论与政策建议 ······ 140
7.1.1 主要结论 ······ 140
7.1.2 政策建议 ······ 144

7.2 未来研究展望 ······ 147
7.2.1 进行理论的拓展和完善 ······ 147
7.2.2 完善实证方法和研究数据 ······ 148
7.2.3 贸易增长二元边际的实证研究 ······ 149

参考文献 ······ 150
附 录 ······ 170
致 谢 ······ 171

第1章　导论

1.1　研究背景

自20世纪70年代末中国实施改革开放以来,中国的货物贸易进出口总额已经由1978年的206.4亿美元,增长到2013年的4.16万亿美元,其中出口额和进口额分别由1978年的97.5亿美元和108.9亿美元,提升到2013年的2.21万亿美元和1.95万亿美元。中国的对外贸易总额、出口额和进口额在30多年间增长了200多倍,并且成为世界外贸总额的第一大国、出口第一大国。在中国出口贸易中,制造业占据重要的地位。2013年,中国制造业出口占中国商品出口高达93.99%。可以说,研究中国的货物出口贸易,实质就是研究中国制造业的出口贸易。从全球角度看,中国制造业出口在世界制造业出口中具有举足轻重的地位。1992年,中国制造业出口占世界制造业出口仅2.41%,2008年,这个比值激增至12.07%。特别是在2000年以后,世界制造业产业布局发生了变化,低端的制造业逐渐从发达的国家或地区转移到中国的东南沿海一带，中国逐渐嵌入全球价值链的分工体系。中国加入世界贸易组织后，随着贸易壁垒的减少，制造业出口的数量和种类，呈现出加速增长的态势，出口总额年均增速达22%以上。

但这一趋势在2009年发生了逆转。金融危机导致中国制造业出口总额在2008~2009年大幅度缩减，跌幅高达16个百分点。从巅峰到深渊，短短只有一年时间，这凸显了中国制造业出口增长面临宏观经济冲击时的脆弱性。回溯历史可以发现，在宏观经济冲击发生时，中国制造业出口都会出现剧烈的波动。东南亚金融危机后，中国制造业从1997年的23.14%出口增速跌至1998年的2.31%。美国"9·11"恐怖袭击事件后，中国制造业从2000年的28.9%的出口增速跌至1998年的7.26%。可见，中国制造业出口增长容易受到宏观经济冲击的影响。

金融危机爆发以来，首当其冲的是以金融服务业为主的虚拟经济，然后逐步传递到实体经济。制造业属于实体经济，抵抗宏观经济冲击、吸收就业能力相对较强。各国政府从金融危机中认识到，一国的经济如果缺乏坚实的制造业基础，而以服务业和金融业为主，极易崩溃。因此，许多国家制定了制造业重振战略，美国强调"再工业化"，德国提出工业4.0战略，日本大力发展机器人产业革命，巴西提出工业强国计划，印度提出"印度制造"（Made in India）战略，中国提出《中国制造2025》。世界各国纷纷抢占制造业新一轮竞争制高点，制造业将成为国家经济竞争力的关键所在。

全球经济形势的恶化对中国制造业出口提出三大挑战。

首先，贸易保护主义重新抬头。跨太平洋伙伴关系协议（TPP）的进程严重扭曲了世界贸易自由化准则，在协议中刻意加入在政治、劳工和环保等一系列中国目前无法满足的条件，以贸易自由化名义构建的新型贸易壁垒，在长期中遏制中国的出口贸易。

其次，中国制造业出口将面临激烈的市场竞争。巴西、印度和越南等许多发展中国家嵌入全球价值链，以出口带动本国经济发展，出口竞争力不断上升。各国货币争相贬值，中国制造业出口的比较优势不断缩小，贸易条件持续恶化。

最后，发达国家高端技术封锁与中国的后发劣势。发达国家为了保持垄断优势，控制核心的工艺、技术和设计，封锁高端技术对中国的转让。中国企业在引进、模仿、消化、吸收国外技术基础上进行自主创新，避免了许多弯路，这是后发优势。但这也可能形成"路径依赖"，转变为中国的后发劣势。转型期的中国，随着劳动力不断减少、工资总体水平的不断上升，逐渐失去产品低成本的比较竞争优势。如何提升出口竞争力、寻找新的比较优势市场均衡成为"中国制造"面临的一大难题。

1.2 研究意义

以史为鉴可以知兴替。金融危机虽然充分暴露了中国制造业出口增长面临宏观经济冲击时的脆弱性，但这也为研究中国制造业出口的微观结构提供了难得的"自然实验"机会。通过研究宏观经济冲击下贸易增长微观结构的变化，可以为中国制造业优化贸易结构、改善贸易条件提供经验论据。新新贸易理论认为，一国贸易增长既可以沿着扩展边际，也可以沿着集约边际扩张。扩展边际的扩张意味着一国出口产品的种类更多以及占据更大的国外市场份额，这将提升出口的总体福利。集约边际的扩张对出口国的福利效应取决于其驱动因素。如果集约边际的扩张是得益于产品质量的提高，因为产品质量上升将刺激市场需求，从而使产品价格以及出口总额同时增加，那么这将提升出口国的总体福利。如果集约边际的扩张时是由产品成本下降驱动的，因为产品成本下降虽然提升了出口总额，但降低了产品的价格，那么这将降低出口国的总体福利，恶化贸易条件。同时，从一国整体的贸易结构看，过于依赖集约边际将导致贸易增长波动加剧，贸易条件恶化。技术创新通过改变生产函数形式而不是依赖增加要素投入推动经济增长，在要素禀赋、制度体系相对稳定的情况下，越来越受到人们的重视。深入剖析中国出口的二元边际结构，并在一个统一的理论框架下研究技术创新对中国制造业出口二元边际结构的改善机制，对贸易政策、国内技术创新政策制定以及相关制度改革等有很强的现实意义和重要的实际指导作用。

此外，中国当前面临国外需求周期性放缓、国内需求疲软、多国货币竞相贬值、TPP等诸多挑战，需求侧的乏力已经难以满足经济、出口持续增长的需要。在当前中国供给侧结构性改革的背景下，必须重新审视技术创新促进中国制造业出口二元边际的作用。

1.3 相关问题的提出

1.3.1 技术创新如何影响我国制造业出口的二元边际

日益严格的知识产权制度伴随着科学研究成果的私有化的进程（Nelson，2004），使技术创新在决定企业、行业甚至是国家的结构定位和经济增长优势上起举足轻重的作用（Furman，2002）。凯恩斯经济学认为，需求不足是市场经济的常态。国际经济形势的恶化、国内需求疲软导致需求调控政策难以满足经济、贸易持续增长的需要。另外，新古典经济增长的分析框架是供给导向的，即认为经济的增长依赖于要素的不断投入以及要素组合方式的不断优化（生产率的提升、制度体系的优化）。在制度体系和要素禀赋给定的前提下，生产率的差异成为比较优势的源泉。技术创新是企业为了获取超额利润、提高竞争力的一种自主行为，其具体的表现形式多种多样，涉及企业活动的所有方面。如果技术创新对企业生产的影响，主要表现为产品创新和过程创新。如果技术创新水平提升，一国出口企业的数量、产品的种类以及企业的平均出口数量将增加。技术创新可以影响一国的贸易增长的二元边际已经是国际贸易研究的共识，但对技术创新如何影响贸易增长的二元边际、改善贸易结构依然存在争论。

首先，一国的贸易增长既可以沿着集约边际，也可以沿着扩展边际实现，但沿着不同边际的贸易增长蕴含着不同的福利效应。其次，技术创新对出口二元边际的影响。技术创新如果促进了扩展边际的扩张，意味着技术创新促使一国出口更多种类产品以及占据更大的国外市场份额，这将提升出口国的总体福利。这点在新贸易理论框架中已经达成国际贸易研究的共识。技术创新促进了集约边际的扩张，那么对出口国的福利效应提升以及对贸易结构的改善存在争论。分歧在于集约边际扩张的驱动因素。如果集约边际的扩张源自技术创新带来产品质量的提高，因为产品质量上升将刺激市场需求，从而使产品价格以及出口总额同时增加，那么这将提升出口国的总体福利，贸易结构得到改善。如果集约边际的扩张是由技术创新带来的产品成本下降，因为产品成本下降虽然提升了出口总额，但降低了产品的价格，那么这将降低出口国的总体福利，甚至恶化了贸易条件。

因此，在当前我国供给侧改革的背景下，有必要在一个统一的框架下重新审视技术创新影响我国制造业贸易增长二元边际的作用。

1.3.2 为何中国制造业出口增长面对宏观经济冲击时如此脆弱

金融危机凸显了中国制造业出口增长面临宏观经济冲击时的脆弱性。中国制造业出口增长在2008~2009年大幅度缩减,跌幅高达16个百分点。而在此之前,中国制造业呈现出持续的出口繁荣。2000~2008年是中国制造业的出口繁荣期,出口年均增幅22%以上。但需要指出的是,即使在这段时期,在面临宏观经济冲击时,中国制造业出口也会出现剧烈的波动。"9·11"事件后,中国制造业从2000年的28.9%的出口增速跌至1998年的7.26%。宏观经济冲击表现为外需的剧烈波动,显然,外需变动仅仅是外因。如何增强中国制造业出口的抗风险能力、减轻制造业贸易增长的波动呢?中国制造业出口贸易又如何实现长期健康、可持续的增长呢?需要从内因着手,重新考察中国制造业的出口增长的微观结构。

Bacchetta 等(2007)基于1962~2004年191个国家SITC三位数产品贸易数据研究"产品多元化"和"地区多样化"在宏观经济冲击中是否起冲击稳定器作用,发现对于低收入国家而言,产品多元化对降低宏观经济冲击引起的收入波动具有重要作用,然而对收入越高的国家,产品多元化对降低宏观经济冲击引起的收入波动作用将减少,而"地区多样化"的作用将增加。我们感兴趣的是,宏观经济冲击如何影响我国制造业的出口二元边际呢?"产品多元化"和"地区多样化"在我国制造业面临宏观经济冲击时是否起稳定器的作用?技术创新是否可以减弱外部的负面冲击对出口二元边际的影响?这有待于进一步研究。

1.3.3 FDI 如何影响我国制造业的技术创新及出口二元边际

从新新贸易理论的角度,中国制造业出口保持高增速的关键在于生产效率的提高,是所谓的后发优势。通过以"市场换技术",大规模从国外引进技术,通过FDI的"示范效应"和"人才流动效应",使本土企业生产率快速提升。FDI促进了企业的技术创新,缓解行业中企业技术创新不足的约束,提升企业生产率,降低了企业的边际成本,使有能力进入到出口市场的企业数量增加,或者出口到国外市场的产品种类增加。另外,FDI引发东道国的市场竞争加剧,FDI利用技术垄断优势吞噬了东道国企业的利润空间,打击东道国企业的创新积极性,从而抑制了东道国企业的技术创新,企业产品的竞争力下降,进入出口市场的企业数量将减少。那么,FDI究竟是抑制了还是促进了我国的技术创新?

此外,FDI对本土技术创新的"抑制论""促进论"众说纷纭。FDI在较长时期内对贸易增长的促进作用还有赖于国内在吸收和消化基础上的技术创新。过分依赖外国技术,有可能导致企业产生"路径依赖",丧失自主研发能力,制约中国制造业出口二元边际的扩张。那么,FDI如何影响我国的制造业的出口二元边际?如果在较长时期上考察,FDI又如何影响我国制造业出口二元边际?

中国加入WTO后,西方发达国家为了保证自身的利益,对中国的技术封锁出现变化:一方面,通过FDI、加工贸易等方式推动中国在全球价值链的低端参与国际分工;另一方面,实施更严密的知识产权保护、更严格的技术封锁,旨在将中国制造业锁定在全球价值链上的限定环节。因此,有必要验证FDI在不同要素密集度的行业的出口二元边际扮演怎样的角色?

1.4 相关概念的界定

1.4.1 技术

自大卫·李嘉图发表《政治经济学及赋税原理》以来,不同国家之间在技术上的差异已成为经济学家解释国际贸易模式最重要的因素①。在研究技术创新对中国制造业贸易结构的影响机制之前，首先需要界定和明确"技术"这一关键词的内涵。"技术"一词最早来自希腊文 Teknologia，由两个希腊文 Tekne（工艺）和 Logia（了解）合成而来，其中 Tekne 是制作某种东西的技能和工艺的含义，Logia 则含有对某一事物的了解之意，最终合起来的 Teknologia 原意是指应用科学或实现特定目标的科学方法②。因此，技术原有词义从词源上表明，技术实际上是人类智慧的结晶和生产经验的总结，是知识的一种形式。

技术既有抽象意义的解释，也有具体意义的解释。即使就具体意义解释而言，在不同的领域也有不同的定义。在经济学上，技术被定义为不同生产要素如劳动力、资本、企业家才能、土地等的组合方式，在工程领域，定义为解决工程领域具体问题的技能或者发明，在管理学上，技术不但可以表现为有形资产，例如特定的产品，也可以是无形资产，例如包含在产品内或者与产品生产过程相关的知识、经验等。随着全球技术、贸易和经济的不断发展，学者们对技术的定义越来越具体，主要有以下关于技术的概念：

Sahal（1982）认为，"技术是一种'构造'或者'组态'（Configuration），不仅体现为一定的产品，而且包括与这些产品或者加工过程相联系的知识；技术依存于一系列的过程与产品，技术的转移与扩散并非仅仅是技术产品的转移和扩散，而且包括了其中知识的应用，两者密不可分"③。

Gee（1993）认为，技术不是一个具体事务，而是一个含有工艺方面思想、信息和数据的知识体系，它体现在个人的技能和专长以及设备仪器、原

---

① Grossman G M, Helpman E. Technology and Trade [J]. Papers, 1994, 269 (5220): 11 – 11.
② 杜奇华. 国际技术贸易 [M]. 北京：对外经济贸易大学出版社，2008.
③ Sahal D. Alternative conceptions of technology [J]. Research Policy, 1981, 10 (1): 2 – 24.

型、设计或计算机编码中①。这个定义强调技术是知识体系,是蕴含在产品内的无形资产。

世界知识产权组织(WIPO)1997 年出版的《供发展中国家使用的许可证贸易手册》中技术下的定义是,技术是制造一种产品的系统知识、所采用的一种工艺或提供的一种服务,不论这种知识是否反映在一项发明、一项外形设计、一项实用新型或者一种植物新品种中,或者反映在技术情报和技能中,或者反映在专家为设计、按照、开办或维修一个工厂或为管理一个工商企业或其活动而提供的服务或协助等方面②。这个定义比 Gee 的定义更加宽泛和全面,技术定义为不再局限于产品内,还涉及设计、生产、流通、销售等各个过程。

综合以上对技术的解释和定义,本书站在国际贸易的角度,更倾向于从知识范畴给出技术的具体定义:技术在生产过程中使用并在产品和工艺上体现出来的具体的技术或者技术集合;可以是设备、工具等"硬件"知识,也可以是外观设计、方法或能力的"软件"知识;它既可以是企业私有策略性的资产,将提升企业产品的质量、提高企业生产效率、为企业开发新的产品等,最终提升企业产品出口的竞争力,也可以作为一种特殊的商品,在国际市场上交换和流通,同时也可以是进入公有领域的人类共同的财富。

1.4.2 技术创新

有关技术创新(Innovation)问题的经济学研究可以追溯到美籍奥地利经济学家约瑟夫·熊彼特(J. A. Schumpeter, 1912)的著作,他强调了动态竞争而不是静态竞争的重要性,"经济学家现在终于从只见到价格竞争的阶段摆脱

---

① Gee, R E. Technology transfer effectiveness in university – industry cooperative research [J]. International Journal of Technology Management, 1993, 8 (6 – 8): 652 – 668.

② 张玉杰. 技术转移:理论、方法、战略 [M]. 北京:企业管理出版社, 2003.

了出来；一旦容许质量竞争和销售努力进入神圣的理论殿堂，价格变量就会被逐出原先它所占据的支配地位；然后在不变条件、不变生产方法特别是在产业组织形式的僵硬模式中的竞争，实际上仍然是人们唯一关注的中心；但在迥然不同的教科书所描绘的资本主义的现实中，有价值的不是那种类型的竞争，新产品或者现有产品的新功能、新的供给来源、新技术、新市场、新组织形式的竞争……这种竞争是拥有决定性的成本或质量优势的竞争，它打击的不是现有企业的利润和产量边际，而是它们的基础和它们的生命"[1]。如此，从经济增长理论看，技术创新重写了生产函数，在供给侧动态地破旧立新。

尽管经济学家们都称颂熊彼特学识的渊博，但对他提出的观点存在许多异议：什么是技术创新的内涵？技术创新首先是由市场需求激发的吗？技术创新的产生是偶然的、随机的吗？社会应该给予成功创新者以合法的垄断权利吗？专利是有效的吗？企业的规模是创新的先决条件吗？

即使熊彼特自己有些观点也是自相矛盾。Kaimen 和 Schwartz（1982）注意到熊彼特阐述技术创新主体时有"熊彼特Ⅰ"和"熊彼特Ⅱ"两种观点的区分。"熊彼特Ⅰ"认为，承担技术创新的主体是新企业，是破坏性创造；而"熊彼特Ⅱ"认为，承担技术创新的主体是现有企业，那样现有的、静态的市场力量对于创新所导致的动态竞争是前提，虽然会导致福利损失，但最终将为私人部门和全社会带来净福利是正的。

其他的争论，例如在创新的收益率上。Mansfield 等（1977）对4个过程创新和13个产品创新案例研究结论支持技术创新的企业享有高收益率，社会收益率也为正。Pakes 和 Schankerman（1984）在实证分析后发现由于存在溢出效应，创新后被模仿，成功创新的贬值率显著高于实物资产的折旧率，意味

---

[1] Scott J T, Baldwin W L. Market Structure and Technological Change [M]. Harwood Academic Publishers, 1987.

着技术创新的机会成本很高。

所有争论当中,技术创新的内涵是争论的起点也是焦点,有不同的定义:

Gibbons 等(1994)认为,技术创新从企业层面应视作对企业而言的新的知识的应用,这些新的知识体现在产品、过程、服务以及生产组织、管理或营销体系中。

Philips(1997)认为,技术创新为商业化过程所生产或提供产品和服务,这些产品和服务可以是全新的,也可以是改进的。强调的是知识的创造,以及在原有知识基础上的改进,不包含技术扩散过程。

OECD(1997)发布的《奥斯陆手册(Oslo)》将技术创新分为产品创新和过程创新两大类别,其中产品创新指显著不同于以前产品特性的新产品或者改进产品;过程创新是指采用了新的或者明显与以往不同的生产方法,例如一家企业引进了其他企业发明的新的工艺。因此,OECD 对创新的定义既包括了全新知识的创造、发明以及现有知识的扩散、转移,并用 TPP 一次概括。与 Schumpeter(1934)不同在于,这里强调的是技术方面(Technological)的创新,排除了组织创新、管理创新等内容。

以上三种定义代表了众多学者在"技术创新"内涵上的意见分歧,主要表现为三个方面:

(1)技术创新中使用的"技术"的概念。技术创新是否专指与产品或者工艺相关的"技术"上的创新,完全与"制度创新""组织创新""营销创新"等区别开来。

(2)技术创新对技术变动的强度是否有程度上的限定。定义中提及的"改进"一般都是指渐进式的提升(Marginal Improvement),这种改进带来规模增量效应。Stahl(2003)认为,从渐进式提升逆推的改进不能归为创新。

(3)技术创新是否强调"商业化"(Commercialization)或者市场化认可,是否需要通过市场检验,如果没有获得市场认可的努力是否应视为技术创新?

这点非常关键,因为如果需要经过市场检验的创新,不仅需要"专利"等数据,还需要专利被引用的情况作为市场化的判断标准(Soete,1987)。

国内对"技术创新"的定义也围绕以上三点差异进行。本书从新新贸易理论研究技术创新对贸易增长结构的影响机制入手,因此创新的主体是属于"熊彼特Ⅱ"型,技术创新也应该包括"组织创新""制度创新"等内容。同时,本书的"技术创新"承认渐进式的改进创新。这里的技术创新也强调"商业化",须经过市场检验,是技术和经济的结合。本书将技术创新定义为:技术创新是企业家抓住市场潜在的盈利机会,通过研发、技术引进等将新的知识、工艺或技术引进到企业一系列经济活动(设计、生产、组织、营销等)的过程。

1.4.3 FDI 技术溢出

"技术溢出"最早由 MacDougall(1960)提出,认为技术溢出是 FDI 一种重要的现象。FDI 技术溢出体现了 FDI 的外部性。Blomström 和 Kokko(2000)将 FDI 技术溢出定义为跨国公司实施 FDI 时促进了东道国企业的技术或者生产力进步,这并非跨国公司自愿或者说主动的行为结果,跨国公司也无法获得全部收益。

技术溢出(Spillover)强调的是知识在人与人之间的传递和交流,Glaeser 等(2001)将技术创新分为两大类:第一类是 MAR 技术溢出[①],主要指产业集聚带来的知识溢出。地理位置越近、同一行业不同企业的员工之间交流越频繁,技术溢出效应越明显。第二类是 Jacobs 技术溢出,强调的是地理位置毗邻的不同行业的员工之间交流带来的知识溢出。不同行业的人员之间的交流可以

---

① MAR 技术溢出是指 Arrow(1962)和 Romer(1986)在 Marshall 提出的知识溢出基础上的延伸,Glaeser(1992)将三位学者有关技术溢出的观点合在一起,统称为 MAR 技术溢出。

进出创新的思想火花。

FDI技术溢出既可以出现在行业内,也可以发生在行业间;既可能提高本土企业生产效率,也可能提升本土企业的技术创新水平。本书将"FDI技术溢出"类似于MAR技术溢出,专指以跨国公司为主的FDI对本土企业技术创新的影响。

1.4.4 出口的二元边际

古典和新古典都是基于国家的比较优势解释贸易增长,也就是说,国家之间在生产率和技术水平方面的差异或者要素禀赋方面的差异,决定了各国参与国际贸易比较优势的基础。新贸易理论突破了传统贸易理论关于相同产品、完全竞争市场的假设,通过差异化产品、不完全竞争和规模报酬递增解释贸易增长。新新贸易理论则强调参与贸易的企业的作用(Bernard,2007a),从企业行为的角度来理解贸易增长。

与传统贸易理论和新贸易理论不同,新新贸易理论开始考察贸易流量的微观结构,提出二元边际的概念,即贸易增长既可以从扩展边际(Extensive Margin)扩张,也可以从集约边际(Intensive Margin)的扩张来实现。研究基础是异质性贸易模型。

从统计学的角度看,贸易流量数据有两大类型:零值数据和正值数据。零值数据代表产品或者企业没有出口到特定的贸易伙伴。传统贸易理论和新贸易理论只关注正值数据,而没有关注到零值数据。但零值数据蕴含着丰富的信息。对零值数据的利用,直到新新贸易理论的建立才出现突破。对贸易流量的微观结构的分解上,研究视角出现了分化,分为企业层面和产品层面两个方向,见表1.1。

表1.1 出口二元边际的界定（微观角度）

出口二元边际的界定			定义	经典研究论文
企业层面		集约边际	单个企业的出口额	Melitz（2003）、Bernard（2003）
		扩展边际	出口企业的数量或者企业的出口选择	
产品层面	零值贸易数据处理方法（一）	集约边际	总出口额	Helpman（2008）
		扩展边际	零值贸易数据的增减/贸易伙伴的增减	
	零值贸易数据处理方法（二）	集约边际	一国出口相对于世界总出口量的加权比	Hummles 和 Klneow（2005）
		扩展边际	一国出口相对于世界出口的产品种类的加权比	
	零值贸易数据处理方法（三）	集约边际	老产品对老市场出口总额	Amurgo-Pacheco 和 Pierola（2008）
		扩展边际	新产品的出口总额+老产品对新市场的出口总额	
	零值贸易数据处理方法（四）	集约边际	老产品对老市场出口总额	本书在 Amurgo-Pacheco 和 Pierola（2008）上改进
		扩展边际	新产品的出口总额+老产品对新市场的出口总额+老产品向老市场出口的消失+老产品出口的消失	

资料来源：笔者整理。

企业层面的研究关注两个方面：一是贸易量的增长，二是不同效率企业在国际市场上的进出。经典的研究有 Melitz（2003）、Bernard（2003）。首先将扩展边际定义为出口企业的数量或者企业的出口选择，集约边际定义为单个企业的出口额。然后，对微观企业的经营数据进行分解。

产品层面的研究则立足于微观贸易数据。在现实中，出口企业不会向所有国外市场出口。进一步地，即使出口到某个国外市场，也不会向这个市场出口所有产品。这导致产品层面贸易流量数据出现两大类型：零值数据和正值数据。零值数据蕴含着大量的信息，对产品层面零值数据的处理，二元边际的定义也出现了分化：

第一种处理方法是将零值贸易数据的增减定为扩展边际的变化，将正值数据的增减定义为集约边际的变化。这样,零值数据的减少,意味着出口扩展边际的增加,而正值数据的上升意味着出口集约边际的增加。经典的研究如 Helpman(2008)等。

第二种处理方法认为,贸易流量需要在价格和数量上进行分解。以零值数据作为辅助信息,借鉴 Feenstra(1994)构建包含新产品的出口价格指数,将集约边际定义为一国出口相对于世界总出口量的加权比;而扩展边际定义为一国出口相对于世界出口的产品种类的加权比。经典的研究如 Hummles 和 Klneow(2005)等。

第三种处理方法是以产品和市场作为两个维度,并且以零值数据作为辅助信息对贸易正值数据进行分解。从产品和市场两个维度分解出口总额。市场分为新市场和老市场,产品分为新产品和老产品。这样一个组成 $2 \times 2 = 4$ 个象限(老产品老市场;老产品新市场;新产品新市场和新产品老市场)。将老产品对老市场出口总额定义为集约边际;其他三个象限定义为扩展边际。经典的研究如 Amurgo – Pacheco 和 Pierola(2008)等。

第四种处理方法是第三种处理方法上的改进。Amurgo – Pacheco 和 Pierola(2008)研究中着重考虑产品的多样性以及地理的多样性,因此在分解时候忽略了老产品向老市场出口的消失以及老产品出口消失的情况。如按照第二种方法处理,将夸大出口的扩展边际,无法对贸易增量进行完整的结构分解。参照 Amurgo – Pacheco 和 Pierola(2008)的定义,重新从产品、市场两个维度对出口二元边际进行定义,将出口总额划分为五个部分,分别为老产品老市场、老产品新市场、老产品向老市场出口的消失、老产品出口的消失,以及新产品的新出口。其中,第一个部分定义为集约边际;后面四个部分定义为扩展边际。

本书的研究基础是新新贸易理论,将站在微观的角度从产品层面和企业层面分别对贸易流量进行结构性分解。其中,企业层面出口的二元边际遵循表 1.1 中有关"企业层面"的定义;而产品层面的出口的二元边际参考表 1.1 中有关"产品层面"中"零值贸易数据处理方法（三）"中的定义。第5章和第6章也将分别基于这两个定义展开实证研究。

1.5 研究思路和结构

1.5.1 研究思路

本书从新新贸易理论和技术创新、跨国公司理论等相关理论出发，采用理论分析和实证分析相结合的方法，在总结前人研究的基础上，沿着"提出问题—现状分析—理论探讨—实证检验—对策研究"的研究思路进行。详细分析了技术创新对我国制造业出口二元边际结构的优化机制，FDI对我国制造业的技术创新的影响，以及FDI技术溢出对我国制造业出口的二元边际的影响等。最后为促进我国制造业出口二元边际结构的优化、出口的平稳增长，以及长期健康发展提出对策建议。

1.5.2 结构

"相关问题的提出"部分是本书的研究主题。结合研究思路，本书的研究内容主要分为七章，包括导论、文献综述、技术创新对制造业出口二元边际的影响机制和理论分析、中国制造业出口二元边际及技术创新现状、产品层面的实证检验、企业层面的实证检验以及结论和对策建议总共七个部分。各章结构见图1.1。

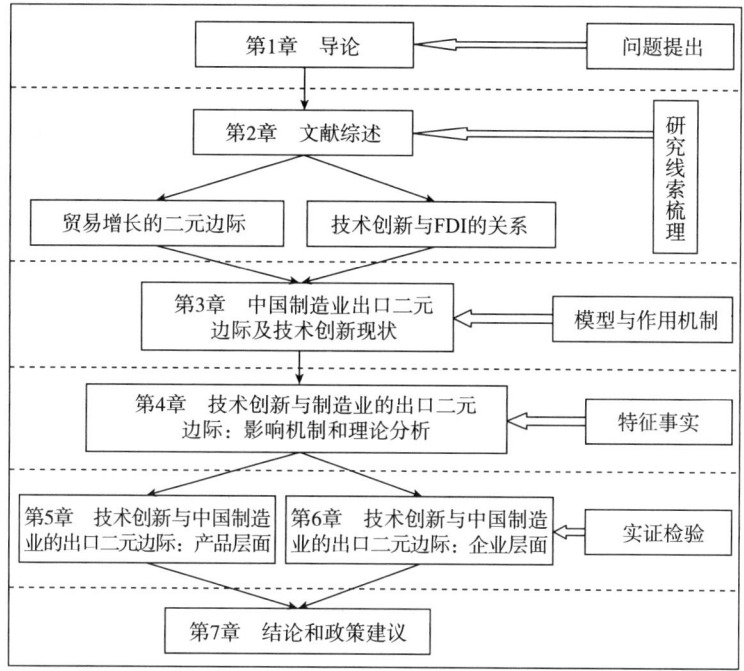

图 1.1 本书结构

第 1 章内容为导论。首先是研究背景和研究意义，然后对本书的核心概念，技术、技术创新、出口的二元边际和 FDI 技术溢出等进行了界定，最后依次简单介绍了本书研究的基本内容、方法、创新点以及不足之处。

第 2 章内容为文献综述。首先回顾了国际贸易理论发展的不同阶段对贸易增长二元边际的理解，然后总结了贸易增长二元边际的福利效应以及贸易增长二元边际的主要影响因素。最后综述了技术创新与 FDI 技术溢出的关系。

第 3 章在 Chaney（2008）异质性贸易引力模型的理论框架上，引入技术创新变量，在一个统一的理论框架下探讨技术创新对出口二元边际的影响机制。首先对 Chaney（2008）的模型进行了简化和推导，然后引入技术创新变量，建立一般均衡模型，最后推导技术创新对出口的二元边际的影响机制。

第 4 章在分析中国制造业出口总量和出口结构的基础上，归纳了中国制造业出口两个特征：一是中国制造业出口增长容易受到宏观经济冲击的影响；二是贸易条件持续恶化。通过对中国制造业整体出口二元边际的分析以及对中国制造业细分行业出口的二元边际的分析，研究发现，过分依赖集约边际增长是中国制造业出口容易受到冲击的根本原因。集约边际的大幅度波动导致贸易出口在宏观经济冲击下迅速萎缩。这意味着在全球经济增长放缓的背景下，依靠集约边际扩张的出口模式是不可持续的、脆弱的，必将导致贸易条件恶化。

第5章从产品层面在理论模型的基础上建立计量模型，通过 UN Comtrade 提供的微观贸易数据，考察了技术创新、FDI 技术溢出对制造业出口二元边际的影响，并进行了内生性分析和稳健性检验。

第6章从企业层面在理论基础上建立计量模型，通过中国工业企业调查数据，使用 Probit 模型和 Heckman 两阶段模型研究了技术创新、FDI 技术溢出对企业出口行为的影响。最后针对不同要素密集度行业进行了稳健性检验。

第7章为主要结论和政策建议，首先总结了全书的主要结论，然后对改善我国制造业贸易条件、优化二元边际结构、促进企业技术创新提出了建议对策，最后展望了未来的研究方向。

1.6 研究创新点与研究不足

1.6.1 研究创新点

目前，异质性企业模型的相关研究已经深入到贸易增长二元边际影响因素的方方面面，主要围绕贸易成本、融资约束、贸易制度、汇率波动等。而基于

技术创新视角的研究相对较少,本书综合分析了技术创新以及 FDI 技术溢出对促进出口的二元边际的作用,主要创新点如下:

(1) 贸易流量的微观结构性分解上,Amurgo – Pacheco 和 Pierola (2008) 的处理方法是以产品和市场作为两个维度,并且以零值贸易数据作为辅助信息对正值贸易数据进行分解,将出口总额分解为四个部分,研究中着重考虑产品的多样性以及地理的多样性,但在分解时忽略了老产品向老市场出口消失以及老产品出口消失的情况,夸大了出口的扩展边际,无法对贸易增量进行完整的结构分解,无法分析出口分析出口二元边际的结构。

参照 Amurgo – Pacheco 和 Pierola (2008) 的定义,本书重新从产品、市场两个维度对出口二元边际进行定义,将出口总额划分为五个部分,分别为老产品老市场、老产品新市场、老产品向老市场出口的消失、老产品出口的消失,以及新产品的新出口。其中第一个部分定义为集约边际;后面四个部分定义为扩展边际。

(2) 理论方面。虽然研究技术创新分别对集约边际或者扩展边际的文献很多,但研究是从不同的理论框架进行的。本书在 Chaney 的异质性企业贸易引力框架中融入技术创新变量,将技术创新、集约边际和扩展边际在一个统一的理论框架中展示出来,然后进一步分析了技术创新影响制造业出口二元边际的影响机制和途径。

(3) 实证研究方面。首先,国内的实证研究缺乏理论基础,基本都是在模型中随意添加变量。其次,国内从产品层面以技术创新为影响因素研究对出口二元边际影响的文献十分匮乏,也没有文献考察过 FDI 技术溢出对出口二元边际的影响。本书围绕技术创新,以技术创新以及 FDI 技术溢出作为重要的解释变量进行实证。

1.6.2 研究不足

本书实证的主要数据分别来自2002~2013年UN Comtrade商品贸易数据库以及2005~2008年中国工业企业微观数据，分别从产品层面和企业层面就技术创新、FDI技术溢出对制造业出口的二元边际的影响进行了实证研究，仍然存在以下不足之处：

（1）产品层面的实证，影响因素考虑不够全面。实证过程中主要考虑了技术创新、FDI、FDI技术溢出、可变贸易成本、宏观经济冲击等因素。首先，在贸易成本方面，只考虑了可变贸易成本，没有考虑固定贸易成本，文献一般通过区域经济一体化等贸易制度、双边协定中的非关税壁垒、反倾销等衡量，出于数据可得性考虑，只能放弃。其次，没有考虑多边阻力的影响，即当一国与某些国家之间的贸易阻力越大，那么它与某一个或者几个国家之间的贸易往来会加强。从贸易成本角度考虑，一国与某些国家之间的贸易阻力增加相当于贸易成本上升，Kancs（2007）曾经做过尝试，但出于数据可得性考虑，本书实证没有考虑多边阻力。最后，Chaney（2008）框架是在Melitz（2003）异质性企业模型框架上发展而来的，Melitz（2003）异质性企业模型的重要理论假设是单个企业只生产一种产品，这与现实不符，需要进一步改进。

（2）企业层面的实证上，数据可得性的困难使出口贸易方式难以区分。贸易方式可以分为加工贸易和一般贸易。现实中，我国对外贸易中有半数份额属于加工贸易。加工贸易的存在，是李春顶（2010）生产率悖论的重要解释，在研究技术创新对制造业企业出口行为影响上，应将加工贸易企业子样本独立出来研究，由于数据可能性，本书未能进行分离，使研究结果稳健性有待商榷。

（3）技术创新这一影响因素上，可以考虑更细致的研究，分不同技术创新类型比如"实用新型""发明"作为贸易增长二元边际的影响因素进行实证研究。对加工贸易企业，技术创新将降低生产成本，提升生产效率，促进了出口的集约边际，但恶化了贸易条件；而一般贸易企业，如果通过技术创新，提升产品质量，促进了集约边际，将改善贸易条件。因此，技术创新对集约边际的影响机制也有待深入。另外，本书研究中，技术创新是外生的，这都有待进一步的研究。

（4）本书研究中，FDI技术溢出属于MAR技术溢出，即FDI对相同行业内的技术溢出，没有考虑Jacobs溢出，即FDI对不同行业的技术溢出，未来可以考虑进一步拓展。

（5）本书研究的只是技术创新对制造业出口的二元边际的影响机制，二元边际的福利效应并没有深入研究。因此，研究的政策建议都是基于扩展边际的扩张带来生产率提升、出口增长稳定、贸易条件改善等福利效用为假设前提的。这个前提假设在文献综述部分已经总结，虽合理，但依然存在一些争议。

1.7 研究方法

本书试图从微观角度分析技术创新对出口二元边际结构优化机制。研究遵循经济学的研究范式和方法，理论推导和实证分析相结合，从不同范畴进行研究，主要的研究方法如下：

其一，规范分析和实证分析相结合。规范分析是在异质性企业贸易引力模型的框架上，纳入技术创新变量，运用一般均衡分析方法，通过数理推导，在统一的理论框架上研究技术创新对出口二元边际的影响机制。实证分析方面，基于出口二元边际不同的内涵，首先基于微观贸易数据研究了技术创新、FDI、

FDI 技术溢出以及宏观经济冲击对出口二元边际的影响,以及技术创新在宏观经济冲击发生时的缓冲器作用;然后基于大样本微观企业数据,研究了技术创新、FDI、FDI 技术溢出对企业出口参与决策、企业出口深化的影响。实证分析中使用面板数据模型,Probit、Logit 以及 Heckman 两阶段估计模型,并进行了稳健性检验,同时考虑了内生性问题。

其二,采用比较分析法。在中国制造业贸易增长的特征事实上,通过比较分析,提取不同阶段、不同制造业细分行业出口增长的特征和存在问题,为后面的实证研究提供方向。由于在一个统一的理论框架上研究技术创新对出口二元边际的影响机制,因此可以比较不同因素分别对出口的集约边际和扩展边际的影响,进而研究出口二元边际结构的优化机制。同时,我们还根据企业的要素密集度将企业分为劳动密集型企业和资本密集型企业,比较不同因素对不同要素密集度企业出口二元边际的影响。当然,关注点始终围绕着技术创新这个核心变量。通过比较分析,以期得到中国制造业出口二元边际更为深刻的理解和认识。

其三,采用交叉研究法。本书研究糅合了跨国公司理论、国际贸易理论、内生经济增长理论等知识,以期从不同的理论角度思考技术创新对出口二元边际的影响。

其四,指标分析法。利用微观贸易数据进行分类处理获得所需的行业出口二元边际时间序列,研究不同时期二元边际的结构,并总结结构变化特征。

其五,文献研究法。文献研究需要在充分研读、系统梳理国内外主流文献的基础上,发现研究空白并提出新的研究方向。

第 2 章 文献综述

本章分为三部分内容：首先回顾了国际贸易理论发展的不同阶段对贸易增长二元边际的解释，然后总结了贸易增长二元边际的福利效应以及贸易增长二元边际的主要影响因素，最后综述了技术创新与 FDI 技术溢出的关系。

2.1 贸易增长二元边际的决定：基于贸易理论的演进

从亚当·斯密开始，国际贸易理论一直围绕着贸易何以发生，如何发生和进行了多少贸易等问题来展开。"何以发生"是原因，是国际贸易发生的根源，主要从要素禀赋和生产率两方面解释。"如何发生"解释贸易模式的形成，是工作层面上业务流程设想，分为产业间的贸易、产业内贸易、产品内贸易等。"进行了多少贸易"是国际贸易的结果，反映了一国的贸易所得。从原因到过程然后到结果，研究的目的不仅是为了解释最新的贸易发展现状，更是为贸易政策以及相关制度的制定提供参考，以为本国争取更多的贸易利益，带动本国的经济增长。贸易模式是国际贸易理论和实证分析争论的焦点领域,不同的贸易结构由不同的贸易模式决定。贸易结构分析是贸易模式研究的延伸,是贸易模式研究中的核心问题。贸易增长二元边际对贸易流量进行微观层面的结构性分解,反映了一国贸易结构的变化。下文以国际贸易理论发展为脉络,回顾国际贸易理论对贸易增长二元边际变动的理解。

2.1.1 传统贸易理论:完全竞争与规模报酬不变

"一千个人有一千个哈姆雷特。"和人类似,国家在生产率水平上也是千差万别。大卫·李嘉图(1817)为代表的比较优势理论,基于分工的思想,认为虽然国与国之间的生产率水平有差别,但每个国家都专注于提供自己擅长(相对生产率高)的产品,就能取长补短,从贸易中获益。比较优势理论构建了两个国家、两种商品、一种生产要素的 $2\times2\times1$ 模型,证明了即使一国的生产率水平都低于其他国家,只要在某种商品上的生产率相对高于其他国家,那么该国生产该种产品的机会成本(用生产率来衡量)就低于其他国家生产此种产品的机会成本,那么他获得相对的生产比较优势,可以参与国际分工,从国际贸易中获利①。

因此,以大卫·李嘉图为代表的传统贸易理论肯定了国家之间生产率的差别,强调相对生产率的决定作用。一方面,隐含了对生产率和技术进步作用的重视,为从技术进步角度解释贸易增长奠定了理论基础;另一方面,隐含了一国贸易模式是只需要不断提供比较优势产品。这样,一国的贸易增长表现为比较优势产品出口量的增长,即贸易增长完全表现为集约边际,而不考虑出口产品种类的变化,忽略扩展边际。因此,比较优势理论仅解释了贸易扩张二元边

---

① Krugman, Paul R, Obstfeld, Maurice, 海闻等. 国际经济学:理论与政策 [M]. 北京:中国人民大学出版社, 2006.

际中的集约边际,没有考虑扩展边际。

要素禀赋理论(Heckscher,1919;Ohlin,1933)突破了比较优势理论单纯从生产率角度解释国际贸易的局限,构建了两个国家、两种商品、两种生产要素的2×2×2模型,不考虑国家之间的技术差异,强调国家之间要素禀赋差异决定了各国生产同一产品的成本差异,最终对贸易结构以及结果产生影响①。要素丰裕度和要素密集度是传统的O-H模型的核心,在这个理论框架下,要素丰裕度和要素密集度是既定的,一国贸易模式必然是出口本国要素丰裕且使用该密集使用要素的产品以获得竞争的比较优势。一国的贸易增长表现为由要素禀赋所决定的比较优势产品出口量的增长,即贸易增长完全表现集约边际,而不考虑出口产品种类的变化,忽略扩展边际。Armington(1969)假设一国只生产一种产品且产品质量一定,如果一国的资源总量两倍于另一国,那么它的贸易规模的极限是另一国的两倍。根据Armington(1969)的观点,贸易扩张仅表现为集约边际,取决于资源禀赋,忽略了扩展边际。Hummels和Klenow(2005)利用1995年UNCTAD提供的双边贸易数据,发现Armington模型仅仅解释了美国与贸易伙伴之间1/3的出口量以及2/3的出口量,这意味着由于没有考虑扩展边际,其他的2/3的出口量和1/3的进口量被忽略了。

O-H模型下有三大定理,斯托珀—萨缪尔森定理(Stopler-Samuelson Theorem)、要素价格均等化定理(FPE)、雷布津斯基定理(Rybcyzinski Theorem)。这三个定理描述了一国参与国际贸易后,要素禀赋动态的变化导致要素相对价格的变动,最终影响了比较优势出口产品的种类以及出口量。因此,O-H模型框架下的三个定理,动态地描述了要素禀赋以及价格变化而导致进出口贸易的调整,但这种调整是假定只生产的两种产品之间产量的调整,与传

---

① Leamer E E, Levinsohn J. International Trade Theory: The Evidence [J]. Working Papers, 1994 (3): 1339-1394.

统O-H模型一样，只涉及集约边际，没有关注扩展边际。

从古典贸易理论到新古典贸易理论，分别从生产率和要素禀赋解释了比较优势的来源。但是，由于2×2的（两个国家、两种商品）假设，因此，一国的出口贸易增长只体现在一种商品出口量的增加上，只反映了出口的集约边际（Intensive Margin），忽略了扩展边际。

2.1.2 新贸易理论：不完全竞争和规模报酬递增

按照要素禀赋理论，两个要素禀赋相近的国家无法进行贸易，但现实中却发生了；并且第二次世界大战后，发达国家之间以工业制成品为主的产业内贸易占据了国际贸易活动的主要部分，工业品市场不完全竞争的市场特征、产业内贸易盛行、要素跨国流动、要素价格不均等现象无法通过传统贸易理论解释。因此，对贸易理论的研究需要突破原来的局限。

Krugman（1980，1981）假设两个相似的国家，相同部门的生产函数、要素禀赋、消费者偏好以及市场规模均相同，且为了迎合国内和国外多样性的消费者偏好，将生产多种产品。每个行业，例如制造业，是由多家厂商组成的生产多种产品垄断竞争行业。由于内部规模经济和外部规模经济的存在①，没有一个国家能够单独生产所有的制造业的产品，因此一国最终消费的产品，既可能来自国内又可能来自国外。国际贸易扩大了市场，增加了消费人口，不但使厂商在规模经济的作用下降低了生产成本，行业规模扩大，又为消费者提供了更多的消费选择。需要强调的是，模型假设产品的种类与一国的经济规模成正比。一国的经济规模越大，本土市场效应越明显（Home Market Effect），出口产品的种类也越多，扩展边际越大。因此，一国的贸易增长体现为扩展边际

---

① 根据Krugman（1979），外部规模经济主要来源于行业内企业数量的增加所引起产业规模的扩大；内部规模经济主要来源于企业本身生产规模的扩大而导致的生产成本的下降。

(Extensive Margin)。Hummels 和 Klenow（2005）利用 1995 年 UNCTAD 提供的双边贸易数据，发现 Krugman（1980，1981）模型解释了美国与贸易伙伴之间全部出口的扩展边际，而完全忽视了集约边际。

另外，以 Krugman 为代表的新贸易理论强调研发投入、技术创新、知识积累以及人力资本方面的差异，认为发展中国家可以通过贸易和技术引进，不但可以缩减与发达国家间的技术差距，节约研发费用，还可以迅速完成知识积累，走上经济快速增长的轨道。

Krugman（1979，1980，1981）模型从新的维度开拓了研究视野。但是以 Krugman 为代表的新贸易理论所讨论的理论框架假设同一行业企业是同质的（Homogeneous），即企业成本相同。这个假设不符合现实，在解释国际贸易实践中受到了挑战和质疑。

2.1.3 新—新贸易理论：企业异质性

上述 Krugman 模型有关企业同质性的假设，使无法回答以下问题：出口企业为什么在国际市场上优胜劣汰？企业的规模为什么扩大？为什么企业首先服务国内市场然后出口到国外市场？这一系列的问题都是围绕着企业展开。

随着国际贸易理论研究的深入，克鲁格曼（1979）规模报酬递增模型中的企业同质性假设得以放松。哈佛大学的 Marc Melitz（2003）发表了异质性企业贸易理论，成功拓展了克鲁格曼（1979）的规模报酬递增模型，将国际贸易研究置入异质企业的微观分析框架，开启了"新—新贸易理论"（New - New Trade Theory）的研究方向。企业异质性指企业在规模、存续时间、人力资源、资本存量、生产方式、生产经验、生产成本、管理模式等方面特征的差异，综合体现为同一行业内企业生产率的异质性。另外，随着全球化的发展，各国间贸易往来更加频繁。贸易主体——企业不但需要向国家税务、统计等部门提供自身的经营数据，而且还向海关提供详尽出口产品数据，从而产生了工业企业数据库以及海关的微观贸易数据库，为异质性企业贸易理论研究提供了丰富的素材。

Melitz（2003）模型的理论推导结果是企业进出口市场是企业自我选择（Self-selection）的结果。企业在作出口参与决策时首先考虑出口存在不可避免的固定贸易成本所决定的临界生产率，固定贸易成本包括许可证费用、关税、营销费用等。因此，生产率低于临界生产率的企业只服务国内市场，而生产率高于临界生产率的企业既服务国内市场，又出口到国外市场。原来出口到国外市场的企业，如果生产率发生变化而低于临界生产率，将退出出口市场。由此，通过国际贸易，以临界生产率为门槛，实现了企业的优胜劣汰。更重要的是，贸易增长不但可以通过原出口企业贸易量的增长（集约边际）实现，还可以通过企业进入或者退出国际市场（扩展边际）（Feenstra & Kee，2004；Eaton et al.，2008）实现。因此，新新贸易理论开启了贸易增长二元边际研究的新方向。

Helpman 等（2004）在 Melitz（2003）的思路上建立了异质性企业贸易引力模型，不但考虑了 Melitz（2003）中的生产率以及固定贸易成本，还考虑了可变贸易成本。模型考虑贸易双方"零贸易量"的问题，并且贸易双方是不对称（Asymmetric Trade）或者多国非对称贸易成本，并且不同出口市场的出口产品（出口企业）的数量是内生的。模型解释了贸易关系的形成（谁把什么卖给谁？），同时解释了贸易的方向以及贸易双方净贸易量不平衡的原因，并且分别估计了贸易壁垒分别对集约边际和扩展边际的影响。虽然该模型考虑了扩展边际，但是并没有给出扩展边际的具体表达式。

Chaney（2008）将异质性企业理论引入引力模型，构建一个多边非对称异质性企业贸易引力模型，认为从供给角度去考察贸易壁垒对出口企业数量和平均出口量的作用时，应考虑不同的市场特征（商品之间的替代弹性不同）。商品间替代弹性对扩展边际和集约边际的作用恰恰相反。替代弹性越高，集约边际对贸易壁垒变化越敏感；反之，扩展边际越不敏感。因此，贸易壁垒对贸易流量的影响随着商品间替代弹性上升而放大。另外，他指出，可变贸易成本的变化主要影响了扩展边际或者出口企业数量变化，而集约边际或者单个企业出口量并没有受到影响。他的主要贡献在于给出了扩展边际的显示解或者具体表达式。方便研究者们加入影响贸易增长二元边际的其他变量后进一步拓展模型，丰富对贸易事实的解释。

综上所述，新古典和古典贸易理论强调比较优势和专业化分工，假设一个国家只生产一种商品，因此，一国的贸易增长只体现在一种商品出口量的增加上，即集约边际（现有产品出口的深化）是贸易增长的唯一渠道。而新贸易理论在企业同质性的假设上强调规模经济和不完全竞争，将研究视野延伸到同一产业内，引入消费者产品多样化偏好，扩展边际或者出口产品种类的增加成为贸易扩张的新途径（Bernard，2007）。新—新贸易理论吸收了新贸易理论有关规模经济和不完全竞争假设的研究成果，进一步将研究视野拓展到企业内，从企业的异质性角度解释了贸易增长不但可以通过集约边际实现，还可以通过扩展边际实现。贸易增长二元边际的研究也随之从宏观分析向更多的微观视角，焕发出旺盛的生命力。

2.2 贸易增长二元边际的福利效应及影响因素

2.2.1 贸易增长二元边际的福利效应

贸易增长二元边际是建立新新贸易理论的基础上对宏观的贸易增长进行微观层面的结构性分解，对理解和评价一国贸易增长的质量、稳定性以及可持续性具有重要意义。Hummel 和 Klenow（2005）认为，尽管一国的贸易增长既可以沿着集约边际，也可以沿着扩展边际实现，但沿着不同边际的贸易增长蕴含着不同的福利效应。扩展边际的扩张意味着一国出口产品的种类以及更大的国外市场份额，这将提升出口国的总体福利。集约边际的扩张对出口国的福利效应取决于其驱动因素（Driving Force）。如果集约边际的扩张是得益于产品质量的提高，因为产品质量上升将刺激市场需求，从而使产品价格以及出口总额同时增加，那么这将提升出口国的总体福利。如果集约边际的扩张是由产品成本下降驱动的，因为产品成本下降虽然提升了出口总额，但降低了产品的价格，那么这将降低出口国的总体福利，恶化贸易条件（the Worse of Term of Trade）。总的来说，福利改善主要体现在生产率提升、出口稳定性提高以及贸易条件改善三方面：

2.2.1.1 生产率效应

资源配置效率的提升将推动一国生产率的进步。由于新新贸易理论是在企业生产率差异的基础上讨论出口的扩展边际和集约边际。企业退出和进入出口市场，从生产率角度解释，意味着资源的重新配置，资源从生产率较低的企业流向生产率较高的企业，从而提高了整个产业的生产率水平（Bernard & Jenson，2004）。

Funke 和 Ruhwedel（2001）基于新贸易理论使用 GMM 方法检验了东亚 10 个国家或地区 1989~1997 年的面板数据，发现出口产品种类每提升 10%，全要素生产率将提升 0.2%。Feenstra 等（1994）将 1972~1991 年美国从中国台湾和韩国进口数据组成面板数据，研究中国台湾和韩国出口产品种类变化对生产率的影响，覆盖其中的初级品（Primary Product）行业 7 个以及深加工品（Secondary Product）9 个。除了纺织造纸、皮具行业外，其他行业的出口产品种类变化都促进了生产率的提高。Feenstra 等（2008）发现，美国 1980~2010

年出口产品种类翻了 1.9 倍, 但是全要素生产率增加了 3.3%。这意味着如果出口的扩展边际提升 10%, 全要素生产率将提升 0.17%, 同时, 原产品种类出口的深化（集约边际）也提升了全要素生产率。Kasahara 和 Lapham（2008）基于 1990~1996 年 2 个四位数以及 4 个三位数制造业企业层面的数据, 检验了进口以及出口二元边际对生产率的影响, 发现集约边际和扩展边际的扩张皆促进了企业的生产率。

另外, 也有不同的观点, 孙元元等（2015）基于 1999~2007 年中国工业企业数据, 以 OP 法计算的全要素生产率代表资源的配置效率, 研究出口二元边际对省际间资源配置的影响, 发现技术进步的外部性导致存续经营企业资源的变化可以改善集约边际下的省际间资源配置, 而产业集聚过高的拥挤效应导致企业进入和退出出口市场, 降低了中国制造业省际间资源配资效率。

2.2.1.2 出口增长的稳定性

如果一国的贸易增长主要体现为集约边际, 则说明大部分的贸易增长由较少部分的企业或产品所贡献。当遇到诸如价格暴跌、政治冲突等外部冲击时, 该国由于出口的企业和出口的产品过于集中, 贸易增长将容易产生大幅度波动。相反, 如果一国贸易增长主要是沿着扩展边际实现的, 则表明一国出口的产品种类以及出口地区更加多样化, 该国企业的国际竞争力更强, 宏观经济冲击风险的抵抗能力越强。

Hausmann 和 Klinger（2006）认为, 在比较优势的作用下, 每个区域的产品空间密度是稳定和连续的, 但现实中要素价格（比如石油）以及突发事件或者政策的出台往往破坏这种稳定性和连续性, 将引起比较竞争优势指数（RCA）的变化进而产品的出口量（集约边际）的波动。Bernard 等（2006）研究了 1997 年亚洲金融危机等宏观经济冲击对美国进出口的影响, 发现 1998 年出口波动主要是集约边际变动, 而在其他年份, 扩展边际的波动主导了贸易伙伴间的出口变化。Bacchetta等（2007）基于1962~2004年191个国家SITC三位数产品贸易数据研究"产品多元化"和"地区多样化"在宏观经济冲击中是否起冲击稳定器（Shock Absorber）作用，发现对于低收入国家而言，产品多元化对降低宏观经济冲击引起的收入波动有重要作用，然而对收入越高的国家，产品多元化对降低宏观经济冲击引起的收入波动作用将减少，而"地区多样化"的作用将增加。钱学锋和熊平（2010）研究了亚洲金融危机以及"9·11"恐怖事件这两次宏观冲击对中国出口二元边际的影响，发现宏观经济冲击对集约边际和扩展边际产生负面影响，而且主要影响集约边际。

2.2.1.3 贸易条件的变化

根据传统贸易理论，贸易增长将导致贸易条件恶化。假设国际市场需求不变，一国持续向国际市场出口或提供某种商品（集约边际扩张）将导致供过于求，产品价格将下降，贸易条件恶化。Hummels和Klenow（2005）利用1995年UNCTAD提供的双边贸易数据，通过基于要素禀赋论的Armington模型研究了美国的贸易扩张，由于没有考虑扩展边际，仅仅解释了美国与贸易伙伴之间1/3的出口量以及2/3的出口量，这意味着原有出口产品出口数量增长决定的贸易扩展将导致贸易条件恶化。

新贸易理论别出心裁，认为出口产品种类的增加（扩展边际扩张），将满足消费者产品多样化的偏好，使消费者更加满足，出口产品的总体价格水平反而有可能上升，贸易条件改善。新新贸易理论认为，出口产品质量的提高（集约边际扩张）以及出口产品种类的多样化（扩展边际扩张），导致出口产品的总体价格水平有可能上升，贸易条件改善。Hummels和Klenow（2005）利用1995年UNCTAD提供的双边贸易数据，用基于新贸易理论的Acemoglu和Ventura模型对美国贸易扩张进行研究，发现大国可以通过增加出口产品类别以及出口产品质量的方式避免贸易条件恶化。

总结这些理论的观点可知，单纯依靠集约边际扩张将导致贸易条件恶化，而同时依靠集约边际扩张以及扩展边际的提升，或者贸易增长更多地依赖扩展边际提升可以改善贸易条件。

Hausmann 和 Huang（2006）基于内生增长模型构建了一个两部门模型一般均衡模型，强调出口产品多样性对一国经济长期稳定增长，贸易条件改善的重要性。模型假设劳动力是唯一生产要素，两个部门中一个为现代部门，可以生产不同种类的产品；而另外一个部门为传统部门，只生产一种同质化产品，承认存在模仿，考虑创新的外部性。在比较动态分析后，认为企业家成本发现过程将使资源从低生产率的产品转向高生产率的产品，企业家成本发现过程外部性的结果是一国由于生产低附加值产品致使经济增长在长期中受阻，因此，生产单一产品将导致生产扭曲（Distort Production）并造成效率损失。虽然这些产品的出口将拉动经济增长，但前提条件是国外市场对这种产品是富有需求弹性，否则单纯出口这种商品将导致贸易条件恶化。

Kang（2009）基于 1962～2000 年韩国贸易数据来研究出口产品类别对 Fisher 和 Tornqvist 价格指数的影响，发现 1984～1989 年，价格指数下降速度为 2.244，随着出口产品类的上升，1995～2000 年价格指数下降速度为 1.595，通过实证检验，认为出口产品类别上升，价格指数下降变缓，贸易条件得到改善。

从贸易增长的二元边际的福利效应看，扩展边际的扩张对一国抵抗宏观冲击、优化资源配置、改善贸易条件有很强的政策导向。因此，实施出口"地区多样化"和"产品多元化"战略、鼓励更多企业走出去，在未来很长一段时期内仍然是中国制造业优化资源配置、转变出口贸易增长方式、缓解出口波动、改善贸易条件的必然选择。

2.2.2 贸易增长二元边际的影响因素

主流文献着重考察不同影响因素对贸易增长二元边际的影响,本质是研究不同因素对改善贸易结构或者优化贸易模式的作用。根据新新贸易理论,宏观层面上贸易总量的增长分解为微观层面上的扩展边际和集约边际后,技术创新、贸易成本等相关影响因素对两种的边际将产生不同的影响。对贸易增长二元边际的影响主要有五类因素:

2.2.2.1 技术创新

自1817年李嘉图出版的《政治经济学及赋税原理》以来,不同国家在技术方面的差距成为经济学家们理解贸易结构和贸易模式差异的重要因素(Grossman,1994)。技术创新可以提高一国的出口绩效已经是国际贸易研究的共识,但对技术创新如何影响出口绩效有着不同的解释(Wei-chih,2013)。

第一种解释是技术创新可以增加产品的种类(扩展边际)。Krugman(1979)设立了一个南北方具有较大技术差距的模型:南北国家消费者有相同的消费偏好,北方国家以一定的技术创新速率开发产品,南方国家缺乏技术创新能力。北方国家技术创新速率外生,并且对南方国家的技术转移外生。北方国家的新产品经过一定时滞后转移到南方国家生产,最终贸易流向形成了新产品由北方国家生产并出口到南方国家,老产品由南方国家生产并出口到北方国家。由于北方国家在技术创新上领先,在新产品上拥有垄断优势,即使南北双方生产率拉近距离,贸易流向都不会发生改变。Dollar(1986)框架讨论了Krugman模型技术转移率外生的假设,并引入第二种生产要素——资本,在劳动和资本两种要素的南北贸易模型下讨论技术创新、资本流动以及产品生产和贸易的动态过程。Dollar的模型比Krugman模型有更强的政策含义,技术转移是内生,发展中国家通过引进外资、引进技术、人力资本的积累、加强技术创新，可以缩小与发达国家之间的技术差距。

第二种解释是技术创新通过提升产品质量或者生产效率增加了出口额（集约边际）。Grossman 和 Helpman（1993c）将技术转移、模仿和创新的动态过程内生化，模型维持南北国家技术差距不变的假设，北方厂商通过技术创新提升产品质量推出新的产品，南方厂商模仿北方厂商的创新。北方厂商的新产品将南方厂商的旧产品赶出市场，南方厂商模仿后通过低劳动成本等比较优势迫使北方厂商退出市场，北方厂商再进行技术创新，推出高质量新产品夺回市场，如此反复。由此，发达国家和发展中国家在技术模仿或技术创新两种角色之间决定了最终贸易分工并提升了产品的质量。模型研究的是"垂直"产品，即同种产品按不同质量的高低排序，因此产品质量过程中产品的更替并没有增加产品种类，但是该种产品的贸易量增加了。Eaton 和 Kortum（2000，2001）强调研发投入、技术扩散以及技术效率提升带来贸易量的增长，认为通过技术引进、模仿或创新缩减和发达国家之间的差距。

国内的实证研究上，康志勇（2013）通过 2001～2007 年中国工业企业数据实证发现，本土企业研发促进了企业出口的二元边际，并且对扩展边际的作用更加明显。陈雯（2014）将 CEPII 1995～2010 年中国贸易增长分解为二元边际后，通过 GMM 估计检验研发对出口二元边际的影响，发现研发促进了中国出口二元边际，并且增强出口抵抗宏观经济冲击的风险。易靖韬等（2013）在一个统一的分析框架中，分别使用质量修正的 Armington（1969）模型，Krugman（1980，1981）模型以及 Flam 等（1987）质量差异模型研究了中国 2000～2005 年 HS-8 位海关数据，发现通过质量指数的上升促进了扩展边际，同时抑制了集约边际。

2.2.2.2 贸易成本

Anderson 和 Van Wincoop（2004）认为，贸易成本是生产者将商品到达最终消费者途中所承担的全部成本。其中包括许可证费用、信息成本、分销费用、运输成本、关税和非关税壁垒等。贸易成本可以分为三类：第一类是自然因素导致的贸易成本，比如贸易距离产生的运输成本；第二类是由贸易政策所产生的贸易成本，如关税壁垒等；第三类是由文化联系所导致的贸易成本，如殖民关系、语言联系等。

第一类贸易成本的相关文献大多从引力模型出发，考察贸易距离对二元边际的影响。出口国与进口国的空间距离越远，从冰山型运输成本考虑，贸易成本将越高。Kancs（2007）和Helpman等（2008）使用贸易双方首都之间的距离来衡量可变贸易成本。Mayer（2008）建议使用国家之间的人口加权距离，即对国家之间的距离进行人口比重的加权，这样可以站在规模经济的角度考虑贸易成本，更接近于现实。Das和Tybout（2007）基于哥伦比亚工业企业数据，通过模拟固定贸易成本（进入国外市场成本）下降，贸易总量将增加，扩展边际变化最明显。Bernard等（2007）基于美国交易层面的贸易数据，证明随着贸易可变成本的增加，出口企业的数量将减少，从而影响了扩展边际。Lawless（2008）研究发现，贸易可变成本（与目标市场间的距离）不但减少了企业的出口量（集约边际），还减少了出口企业的数量（扩展边际），而且对扩展边际的影响更显著。盛丹等（2011）以Heckman两阶段模型基于1998~2001年的中国工业企业数据考察基础设施对出口的二元边际的影响，发现基础设施促进了出口的二元边际并且对扩展边际的影响更大。

第二类贸易成本相关文献主要研究贸易壁垒（关税和非关税）对出口二元边际的影响。Eaton等（2008）基于法国出口企业数据，通过模拟贸易壁垒的减少，发现扩展边际是贸易增长的主要来源。钱学锋（2008）运用中国与7个主要贸易伙伴的双边出口数据的经验，研究了贸易可变成本和贸易固定成本对集约边际和扩展边际的影响。王孝松等（2014）从1996~2010年的贸易伙伴对中国的反倾销数据发现，反倾销措施对中国出口的集约边际和扩展边际都起抑制作用，而且主要作用在扩展边际上。

第三类贸易成本相关文献主要研究殖民关系，语言联系和种族联系等对出口二元边际的影响。Helpman 等（2008）从 158 个国家的贸易数据发现，殖民关系对双边贸易的扩展边际和集约边际都起促进作用，而语言联系主要作用在扩展边际上。Coughlin 和 Wall（2011）认为，种族联系（Ethnic Network）是信息成本的一种，通过固定效应模型发现种族联系促进了集约边际，但对扩展边际没有影响。

2.2.2.3 融资约束

Chaney（2005）首先将流动性约束融入异质性理论模型，以研究融资约束对企业出口行为的影响。这里融资约束看成是企业进入国外市场的一种固定成本，因此对企业的出口参与决策（扩展边际）产生影响，但不能解释对集约边际的影响。Manova（2008）借鉴 HMR（2008）两阶段估计法，在外部融资成本同质的假设下，研究企业内部流动性约束和外部融资约束对企业出口行为的影响。研究认为，融资约束以三种方式影响国际贸易模式。首先，金融发达的国家在金融脆弱性的行业（外部融资需求大或者抵押资产较少的行业）出口的产品数量更多，促进了扩展边际；其次，在所有国家都能出口到目标市场时，金融发达国家更容易到达经济规模较小国家，从而又有更多的贸易伙伴，表现扩展边际的增长；最后，金融发达的国家参与出口意愿更强，出口额也更大，在金融脆弱性行业尤其明显，表现为集约边际的扩张。

Bellone 等（2009）对法国工业企业数据进行实证研究，发现出口企业的融资状况比非出口企业要好，融资约束成为企业出口的一种障碍，宽松而便利的融资环境对企业出口参与有促进作用。即使融资环境不乐观，公共政策也可以提供相应的补救，协助企业降低出口沉没成本，实现出口。陈磊（2012）对 1992～2009 年多国贸易数据进行检验，发现金融发展可以破除融资约束；

并且对于高融资依赖性和低资产抵押率行业而言，金融发展对两国成为贸易伙伴（扩展边际）和贸易往来的深化（集约边际）非常显著，同时在不同时期及对不同的国家，金融发展的作用有显著差异。

2.2.2.4 贸易制度

随着经济全球一体化进程的不断加快，全球以及区域经济一体化对出口的影响也大量涌现。Felbermayr 和 Kohler（2007）开拓了贸易流量的研究视角，以往文献仅研究已建立贸易伙伴关系国家间的贸易流量（集约边际），忽略了未建立贸易关系的国家（扩展边际），考察"二战"后 WTO 对扩展边际的促进作用，发现 WTO 组织成员的身份比引力模型对制造业出口扩展边际的扩张更具有解释力。

Ito（2008）基于异质性企业贸易模型和质量的异质性企业贸易模型研究了北美自由贸易协定（NAFTA）实施后对墨西哥向美国出口产品种类的影响，发现 NAFTA 实施对扩展边际有促进作用。Milgram – Baleix（2010）发现，欧盟和地中海贸易一体化通过二元边际促进了西班牙和摩洛哥国之间贸易。这些研究都表明，区域一体化的贸易制度安排对出口二元边际有显著的促进作用，但也有个别研究例外。

Gamberoni（2007）研究欧盟与非洲签订了"EVERYTHING BUT ARMS"协议和《欧盟与非洲、加勒比和太平洋国家伙伴关系协定》后，两项协议对贸易增长的二元边际的影响，发现扩展边际下降了 11%，集约边际下降了 19%。

Bensassi 等（2010）研究了巴塞罗那进程（欧盟和地中海伙伴关系）对贸易增长的二元边际的影响，发现在北非四国（埃及、突尼斯、摩洛哥和埃及利亚）和中东地区两国（约旦和黎巴嫩）中，巴塞罗那进程仅对北非国家向欧盟最主要四国的出口二元边际有促进作用。这意味着区域经济一体化等贸易制度安排对出口二元边际的影响并不必然为正。

2.2.2.5 其他因素

影响贸易增长二元边际的其他因素包括商品间的替代弹性、宏观经济冲击、汇率水平的波动等。

Chaney（2008）将异质性企业理论引入引力模型，构建一个多边非对称异质性企业贸易引力模型，从供给角度考察贸易壁垒对出口企业数量和平均出口量的作用时，应考虑不同的市场特征（商品之间的替代弹性不同），商品间替代弹性对扩展边际和集约边际的作用相反。替代弹性越高，集约边际对贸易壁垒变化越敏感；反之，扩展边际越不敏感。因此，贸易壁垒对贸易流量的影响随着商品间替代弹性上升而放大。

Bernard 等（2009）在分解了美国和贸易伙伴们之间的贸易数据的技术上，发现贸易流量在长期上的波动主要归因于扩展边际，而短期中的波动主要归因于集约边际。中国自 20 世纪 90 年代以来经历过三次宏观经济冲击，分别为 1998 年亚洲金融危机、"9·11"事件和 2008 年的金融危机。钱学锋和熊平（2010）考察了前两次宏观经济冲击对中国出口二元边际的影响，发现宏观经济冲击对集约边际和扩展边际产生负面影响，而且主要影响集约边际。陈波和荆然（2013）重点考察了第三次宏观经济冲击对中国出口二元边际的影响，发现宏观经济冲击主要影响集约边际，但扩展边际略有增长。

Bergin 和 Lin（2008）发现，不同固定汇率制度对贸易增长二元边际的影响不同。集约边际主要受直接盯住汇率影响，而扩展边际主要受货币联盟制度影响。许斌等（2011）借鉴 Bergin 和 Lin 模型，研究不同汇率制度（固定汇率、爬行汇率、管理浮动和自由浮动）对出口二元边际的作用，发现相对浮动汇率制度而言，汇率波动较小的固定汇率、爬行汇率和管理浮动体制都显著促进集约边际和扩展边际，但实现的路径不一样。固定汇率制和爬行汇率制下通过降低出口价格和出口质量实现,而管理浮动体制通过增进出口质量实现。

2.3 技术创新与 FDI 的关系研究

外商直接投资(FDI)是东道国经济增长的重要动因已经成为学术界的共识(Zeng,2009)。FDI 不但会带来资本,还对东道国的技术水平起促进作用(Demirbag et al.,2007)。无论是在东道国的子公司还是其他企业,都受益于 FDI 的技术溢出,而后者被称为 FDI 技术溢出(Kophaiboon,2006)。和许多核心命题的研究一样,FDI 技术溢出的研究,无论是从理论方面还是从实证方面,都围绕着三方面进行,即"是否存在""影响因素是什么""会影响哪些方面"。具体而言,就是 FDI 技术溢出是否存在,FDI 技术溢出影响因素是什么以及 FDI 技术溢出会影响哪些方面。由于本书只关注 FDI 与本土企业技术创新之间的关系,因此,研究综述将围绕 FDI 对本土企业技术创新的影响展开,分别从理论研究和实证研究进行阐述。

2.3.1 理论研究

"技术溢出"最早由 Dougall(1960)提出,认为技术溢出是 FDI 一种重要的现象。Cave(1974)将 FDI 的作用分为三类:配置效率效应、技术效率效应和技术转让。配置效率效应指外资带来竞争效应,有利于东道国资源配置效率的提升(Blomstrom,1991);技术效率效应类似于"干中学",东道国从外资企业先进技术的示范过程中提升技术效率(Blomstrom,1986);技术转让效应使本土企业以相对低的成本得到先进的技术(Feinberg & Majumdar,2001)。

FDI 是一个微观主体（跨国公司）对另外一个微观主体（本土企业）在技术创新上产生的外部影响，这就是所谓的 FDI 对本土企业技术创新的外部性。外部性分为外部经济和外部不经济，与此相对应，FDI 促进或者抑制了本土的技术创新。如何解释 FDI 对本土企业技术创新是外部经济还是外部不经济，理论研究沿着这条思路展开。FDI 促进还是抑制企业技术创新都属于 FDI 技术溢出中的一种情况。

首先，FDI 促进了本土企业的技术创新。Arrow（1962）认为，技术进步是人们不断学习知识和积累经验的结果，落后的国家或者企业可以通过"干中学"不断积累知识和经验实现技术进步，知识在这个过程中从一部分生产者外溢到另外一部分生产者上，促进了另外一部分人生产效率的提高。Romer（1986）认为，知识具有非排他性和非竞争性，具有溢出效应。Van Elkan（1996）关注技术转移、技术模仿和技术创新，假定所有国家的人力资本可以通过 FDI 技术溢出（技术转移、技术模仿）而不断积累提升。其中，技术模仿是国与国之间的技术差距的函数；技术创新是从"干中学"获得的能力和知识的积累。FDI 技术溢出效应下，经济落后的地区和经济发达地区之间的技术距离和经济实力差距将逐渐收敛。这是从经济增长理论对 FDI 技术溢出正外部性的解释。

Findlay（1978）提出"传染理论"，国际贸易使发展中国家更容易接触和学习到发达国家的先进技术。Dollar（1986）在 Krugman 的基本框架上假设，技术转移率是外生的，并引入第二种生产要素——资本，在劳动和资本两种要素的南北贸易模型下讨论技术创新、资本流动以及产品生产和贸易的动态过程。他认为技术转移是内生，发展中国家通过引进外资、引进技术、人力资本的积累、加强技术创新，可以缩小与发达国家之间的技术差距。Eaton 和 Kortum（2000，2001）强调研发投入、技术扩散以及技术效率提升带来贸易量的增长，认为通过技术引进、模仿或创新缩减和发达国家之间的差距。这是从国际贸易理论对 FDI 技术溢出正外部性的解释。

其次，FDI 抑制了本土企业的技术创新。Romer（1990）提出具有外溢性知识的内生增长模型。他将经济分为两个部门：最终产品部门和研发部门，其中技术进步通过外资进入实现，内生性技术进步由研发部门实现。在人力资本总量一定的假设下，外资进入导致最终产品部门的薪酬水平比研发部门高，这将吸引更多的人力资本从研发部门流向最终产品部门。研发部门由于人力资本不足而内生性技术进步缓慢，最终抑制了新产品的增长率。Reis（2001）分别通过构造封闭经济和开放经济条件下 FDI 对一国经济增长影响的动态一般均衡模型，发现 FDI 可能带来贫困式增长，从动态角度看，FDI 对未来本土企业投资的盈利能力产生"创造性破坏"，抑制本土企业进行未来的投资（技术创新等）。外商直接投资是国际产业分工布局的结果，我国大量企业依靠低劳动力成本的比较优势参与国际分工，嵌入全球价值链。张杰和刘志彪（2007）指出，发达国家与发展中国家在巨大的创新能力差异下只能以代工方式切入到由发达国家主导的全球价值链的低端环节，并被长期锁定在微利化的低端生产制造环节，陷入"悲惨增长"的境地。低微的利润空间压榨了代工企业技术创新的潜能。

2.3.2　实证研究

自 Cave（1974）开创性地研究加拿大和澳大利亚制造业中 FDI 技术溢出作用以来，有关 FDI 技术溢出的实证研究大量涌现。但 FDI 对本土企业技术创新影响效应的研究还很少。FDI 对本土企业技术创新的实证研究可以分为三大类：一是 FDI"促进论"；二是 FDI"抑制论"；三是"双刃剑"论。从总体看，研究结果中第一类居多。

第一类是 FDI 促进了本土企业的技术创新方面的实证研究。Berschek

(1995)分析了1984~1998年德国1270家制造业企业面板数据,发现FDI对本土企业的产品创新和技术创新都有显著的正效应。Kim(1998)研究发现,充分有效利用外资企业的技术转让是本土企业从技术模仿转向技术创新的关键。Cheung(2004)使用1995~2000年中国省级面板数据发现,FDI可以通过逆向工程、熟练劳动力增加,示范效应等促进东道国的创新活动,FDI对中国国内专利申请数量的积极影响,并且对外观设计专利等溢出效应最强。王红领和李稻葵(2006)运用随机效应、固定效应以及混合回归模型检验了1998~2003年的中国工业企业数据,发现FDI促进了民族企业自主创新能力。Cheung(2010)研究了1995~2006年中国的高新技术产品产业企业的面板数据,发现中国本土企业从FDI溢出效应中获益。Shahabadi(2011)研究2000~2009年中东、波斯湾和高加索地区的外国直接投资、人力资本存量以及内部创新的微观企业数据,发现FDI对人力资本存量和企业内部创新有显著的正效应。

第二类文献认为,FDI抑制了本土企业的技术创新方面的实证研究。虽然FDI可以通过示范效应和竞争效应促进本土企业的研发,但外资的过度进入,会压榨发展中国家的企业的生存空间,表现出"挤出效应"(Reganati & Sica, 2007)。

Pillai(1979)通过印度1958~1975年的技术引进与本土企业R&D的数据发现,大量的技术引进降低了印度本土企业研发的需求或者动机,致使印度形成对进口技术的依赖,最直接的表现就是技术引进对本土企业R&D的"挤出效应"。Aitken和Harrison(1999)研究了委内瑞拉1976~1989年的制造业企业非平衡面板数据,发现外商直接投资的进入抑制了委内瑞拉企业的技术创新。陈爱贞和刘志彪(2008)研究了1998~2003年中国装备制造业的本土需求、FDI和本土企业研发的面板数据,发现跨国公司为主的FDI进入,制约了中国本土装备制造业的自主创新。范承泽等(2008)运用世界银行1998~2000年对中国998家制造企业调查数据,检验了FDI对国内企业技术创新的影响，发现一方面企业外资引入的量越大，企业研发方面投入越少，另一方面行业层面的 FDI 对外商投资占比较大份额的企业的研发投入积极作用更明显。综合两个方面发现，FDI 抑制了国内企业的研发。刘景章等（2015）运用倾向得分匹配方法以世界银行 2005 年的调查数据为基础，检验了 FDI 对国内企业研发投入的影响，发现对不同外商投资份额的内资企业，FDI 都对研发投入有负向影响，但是这种影响并不显著。

第三类是 FDI 对本土企业的技术创新是一把"双刃剑"。FDI 对本土企业的技术创新有可能是抑制，也有可能是促进，是促进还是抑制要考虑其他的影响因素。这些影响因素包括劳动力要素的流动性、知识溢出吸收能力、企业的所有制等。Kafouros（2009）基于 2004 年中国经济普查数据，发现技术机会[①]和外资占比调节了 FDI 对本土企业技术创新影响，即 FDI 对本土企业技术创新不必然起促进作用，促进还是抑制取决于技术机会和外资占比。

范国如等（2012）基于 1990～2008 年中国 30 个省份的面板数据，利用固定替代弹性生产函数考察 FDI 对中国企业技术创新溢出效应，发现子样本期 2004～2008 年 FDI 流入量每增加一个百分点，专利申请授权数将增加 0.18 个百分点，FDI 对促进国内企业的技术创新，有显著的正向溢出效应。但全样本期 1990～2008 年，FDI 对国内企业创新的产出弹性轻微为负，这意味着 FDI 对促进国内企业的技术创新，有轻微的负向溢出效应。最终归因于研发的经费投入不足以及研发的人力资本投入不足所决定的知识溢出吸收能力不足。

---

① Kafouros（2009）认为，高科技产业、外向型的产业技术机会相对较高。

2.4 本章小结

首先回顾了国际贸易理论发展的不同阶段对贸易增长二元边际的解释，其次总结了贸易增长二元边际的福利效应以及贸易增长二元边际的主要影响因素，最后综述了技术创新与FDI技术溢出的关系。从理论回顾看，扩展边际的扩张对一国抵抗宏观冲击、优化资源配置、改善贸易条件有很强的政策导向。但是否提升扩展边际在贸易增长的贡献依然存在疑问，本书重点研究技术创新和FDI技术溢出对出口二元边际的影响，在后面的章节中从理论推导和实证检验两方面展开研究。

第3章 中国制造业出口二元边际及技术创新现状

长期以来，中国在全球贸易中一直扮演着"世界工厂"的角色，出口和投资是中国经济增长的主要驱动力。中国制造业凭借着国内较低的生产成本——如资源环境和劳动力要素，在中低端加工制造业中优势明显。然而，这一切在2008年金融危机爆发后发生了改变。在外需周期性放缓与国内经济结构转型，资源、环境、劳动力等要素价格从扭曲状态向正常化的转变过程中，出口企业经历了"内忧外患"：发达经济体需求疲弱，降低了中国出口市场的总体规模；对质量、安全的更高要求，使以往靠量取胜的低附加值产品销路受阻；东南亚周边国家的替代效应，正在侵蚀中国企业的全球市场份额。

这一切都表明，全球贸易市场正在经历深刻变革，中国出口制造业的"低成本模式"已经逐渐失去竞争优势。中国制造业要保持竞争优势，就应加强技术创新，提高生产效率，提升产品的质量，优化出口产品结构，出口企业整体向价值链高端转移，这样才能避免出口受到"宏观经济冲击"时大起大落。

3.1 中国制造业出口现状分析

3.1.1 中国制造业出口总量分析

改革开放以来，中国制造业出口贸易一直平稳增长，特别是自1992年以后，中国制造业出口进入了新台阶。1992~2013年，中国制造业出口贸易可以分为以下四个阶段：

第一个阶段是1992~2000年。中国制造业平稳增长，逐渐替代日本和"亚洲四小龙"，成为世界制造业的中心。在此期间，平均增长速度达到10.8%以上。1998年受到亚洲金融危机的影响，中国制造业出口增长速度仅为2.31%。

第二个阶段是2000~2008年。中国抓住与世界经济接轨的契机，充分利用人口红利优势及产业集群优势，制造业出口贸易不断向上攀升。在此期间，平均增长速度达到22%以上。2000~2001年，由于美国结束了自1991年以来长达十年的高度经济增长，带动世界经济温和衰退。特别是"9·11"恐怖袭击后，2001年中国制造业的增长速度仅为7.26%

第三个阶段是2008~2010年。在此期间，世界经历了美国次贷危机以及欧债危机、外需周期性的放缓等，中国制造业出口增长出现了剧烈的波动，2009年，中国制造业出口增长跌幅高达16%。2008年底开始，中央政府出台一系列刺激出口以及投资的政策，2010年开始出口逐渐回暖，制造业出口回到危机前的水平。

第四个阶段是2010～2013年。受到世界经济持续疲软、美国金融危机后提出的先进制造业回归计划、世界各国货币争相贬值、贸易保护主义抬头，以及东南亚分流中国制造业等外部因素的影响，虽然我国2012年贸易总额为38667亿美元，首次超过美国的38629亿美元，居世界第一位，但我国制造业受到明显的挤压，年均增长仅4.26%，增速大幅度下降。如图3.1所示。

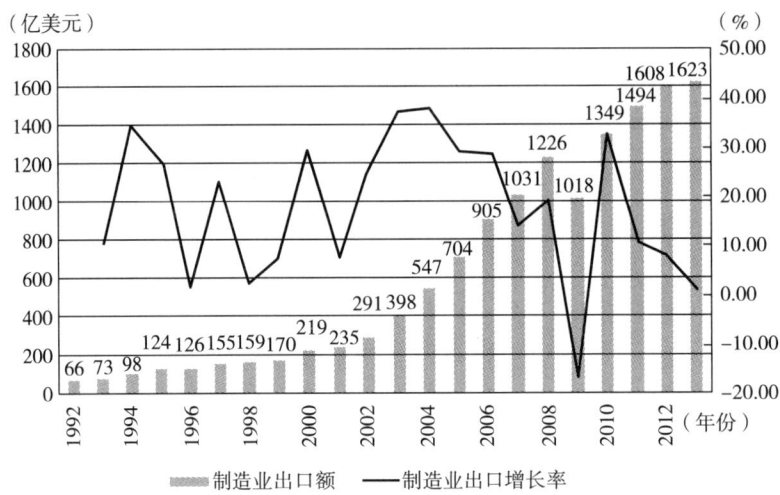

图3.1　1992～2013年中国制造业出口额及出口增长率

资料来源：UNCOMTRADE 数据库。

第一阶段和第二阶段合并可以称为中国制造业的出口增长繁荣期，年均增长15.4%以上；第三阶段称为出口增长转折期；第四阶段称为出口增长的衰退期。观察四个阶段，可以得到中国制造业出口的一个特征：无论在出口增长的繁荣期、转折期还是衰退期，中国制造业都容易受到宏观经济冲击的影响。特别是2008年的金融危机，充分暴露了我国经济增长外贸依存度高，面对宏观经济冲击的脆弱性。

虽然中国制造业出口面临诸多外部压力，但是随着技术创新力度的不断加大、产业升级转型加快，中国制造业依然保持着强劲的竞争力，从图 3.2 可知，中国制造业出口占世界制造业出口总额的比重一直在增加，即使 2008 年金融危机以后，中国制造业出口占世界制造业出口总额的比重不降反升，说明中国制造业出口的降幅小于世界制造业出口的降幅，也说明中国制造业出口具有比较竞争优势。但从 2009 年中国制造业细分行业出口数据看，服装、箱包、鞋类和家具等劳动密集型行业的产品出口降幅大大低于中国制造业出口降幅。因此，中国制造业的竞争力除了与人民币兑美元相对稳定外，主要还是归因于劳动力成本优势。

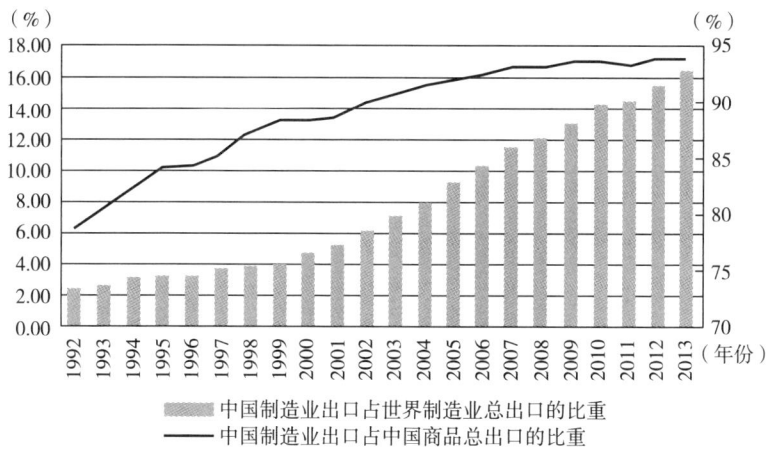

图 3.2　1992~2013 年中国制造业出口占中国商品总出口以及世界制造业总出口的比重

资料来源：世界银行数据库。

从图 3.2 可知，自 2005 年以来，中国出口贸易中，制造业出口占中国商品出口的 92% 以上，2013 年上升至 94%。由于长期依赖于劳动密集型制造业的出口增长，中国制造业出口明显的特征是贸易条件持续恶化。从图 3.3 可知,中国的净易货贸易条件正在持续恶化。如果以 2000 年为基期,净易货贸易条件①从 1998 年的最高值 110.98,下降到 2011 年的最低值 70.07,跌幅高达 33.85%。这意味着从 1998 年起,无论在出口增长的繁荣期、转折期还是衰退期,中国制造业从贸易中获取的贸易利得逐步下降,贸易条件不断恶化,甚至可能出现"贫困式增长"(Immiserizing Growth)。

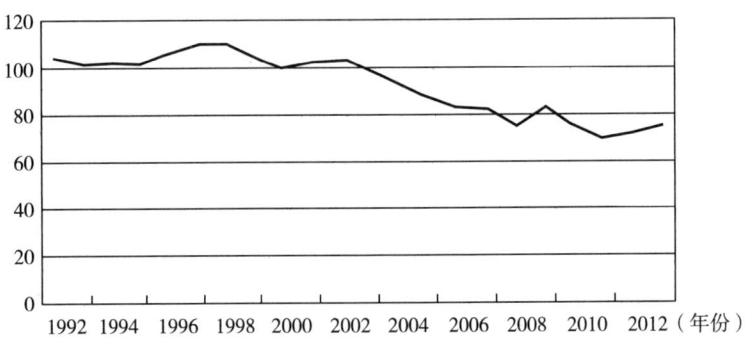

图 3.3 1992~2013 年中国净易货贸易条件指数(2000 = 100)

资料来源:世界银行数据库。

因此,基于 1992~2013 年中国制造业出口总量数据分析可以归纳出中国制造业出口的两大特征事实:一是出口增长容易受到宏观经济冲击的影响;二是贸易条件持续恶化。

3.1.2 中国制造业出口结构分析

如图 3.4 所示,可以直观地得出一个结论:全球经济增长放缓导致的外部

---

① 净易货贸易条件指数(NBTT)为出口单位价值指数与进口单位价值指数的比率,相对于 2000 年为基准度量。单位价值指数是基于各国所报告的按联合国贸发会议质量控制显示出一致性的数据,并以联合国贸发会议采用《国际贸易标准分类》三位数的上年贸易额加权估算值作为补充。

需求萎缩是中国制造业当前出口增速放缓的主要原因。那么，为什么中国制造业出口增长容易受到宏观经济冲击的影响？如果仅仅以外部需求低迷为由解释并不让人信服。同时，在2015年全球经济依然弱势的背景下，如何改善贸易条件也是我们关注的主要问题。因此，需要对中国制造业的出口结构做进一步的分析。

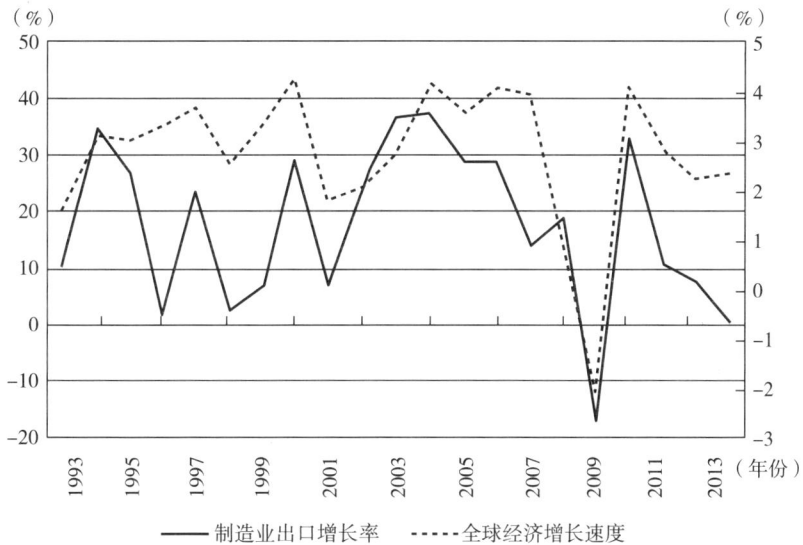

图3.4 1992~2013年全球经济增长速度与中国制造业出口增长率

资料来源：世界银行数据库。

HS2002采用六位数编码，把全部国际贸易商品分为二十二类，九十八章。制造业出口商品主要涵盖第六类至第十三类、第十五类至第十八类。在此将制造业出口商品分为初级工业品和高级工业品两大类（见附录）。

从图3.5可知，自加入世界贸易组织以来，中国制造业的高级工业品出口占比逐年增加，在2007年达到了高峰（占57.87%），但在金融危机以后，与

2007年相比，2013年高级工业品不升反降，说明中国制造业出口结构在金融危机后并没有改善。

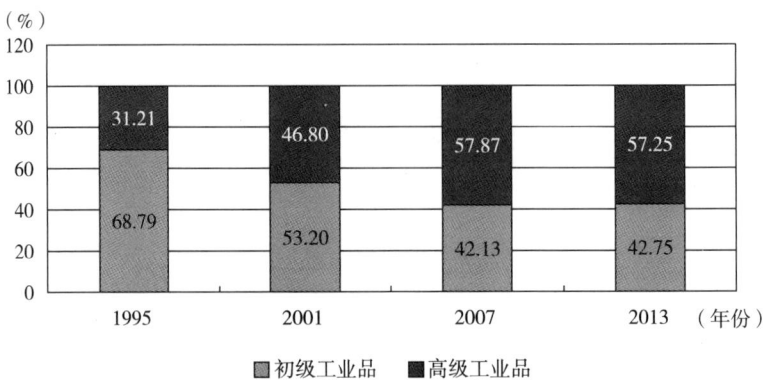

图 3.5 主要年份中国制造业出口商品结构

资料来源：UNCOMTRADE 数据库。

同时，我们进一步观察高级工业品的细分结构，从图 3.6 可知，与 2007 年相比，2013 年仅 HS 分类第十八类"光学、照相、电影、计量、检验、医疗或外科用仪器及设备、精密仪器及设备等"占比稍微上升，而第十六类"机器、机械器具、电气设备及其零件；录音机及放声机、电视图像、声音的录制和重放设备及其零件、附件"以及第十七类"车辆、航空器、船舶及有关运输设备"占比均稍微下降。从整体看，出口结构在金融危机后改善并不明显。

由表 3.1 可知，比较 2001 年和 2007 年细分制造业排名可知，自 2000 年加入世界贸易组织以来，以"服装及其他纤维制品制造业""纺织业"为代表的轻工业产品出口占比不断降低，而以"电子及通信设备制造业""电气机械及器材制造业""仪器仪表及文化办公用机械"为代表的先进制造业产品的出口占比不断上升，制造业细分行业出口排名变化明显。比较 2007 年和 2013 年细分制造业排名可知，金融危机以来，"电子及通信设备制造业""电气机械及器材制造业"等占比略有提升,而"仪器仪表及文化、办公用机械制造业"略微下降,从整体上看,与 2007 年相比,2013 年的制造业出口结构并没有太大的变化。因此,综合以上分析可知,金融危机以后,中国制造业出口结构没有改善导致贸易条件没有得到改善,甚至恶化,这是中国制造业出口增长容易受到宏观经济冲击影响的主要原因。

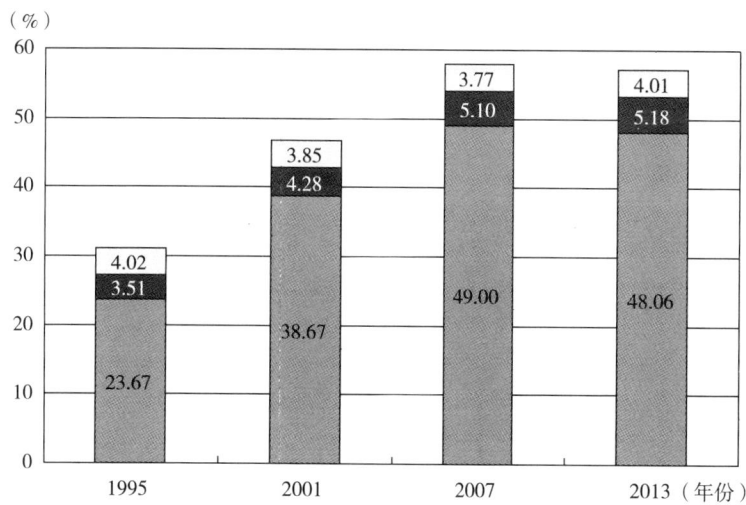

图 3.6 重要年份高级工业品出口结构

资料来源:UNCOMTRADE 数据库。

表 3.1 重要年份中国制造业出口排名前 10 行业

排名	2001 年		2007 年		2013 年	
	行业	占比(%)	行业	占比(%)	行业	占比(%)
1	32 电子及通信设备制造业	15.68	32 电子及通信设备制造业	25.08	32 电子及通信设备制造业	25.84
2	11 服装及其他纤维制品制造业	15.59	31 电气机械及器材制造业	13.13	31 电气机械及器材制造业	19.51

续表

排名	2001年 行业	占比(%)	2007年 行业	占比(%)	2013年 行业	占比(%)
3	31 电气机械及器材制造业	11.63	11 服装及其他纤维制品制造业	11.21	11 服装及其他纤维制品制造业	10.93
4	10 纺织业	7.16	33 仪器仪表及文化、办公用机械制造业	8.59	28 普通机械制造业	8.3
5	12 皮革毛皮羽绒及其制品业	6.52	28 普通机械制造业	6.39	33 仪器仪表及文化、办公用机械制造业	7.81
6	33 仪器仪表及文化、办公用机械制造业	6.42	10 纺织业	5.44	10 纺织业	6.98
7	17 文教体育用品制造业	4.85	30 交通运输设备制造业	5.23	30 交通运输设备制造业	6.07
8	28 普通机械制造业	4.65	25 黑色金属冶炼及延压加工业	5	19 化学原料及化学制品制造业	5.95
9	19 化学原料及化学制品制造业	4.64	19 化学原料及化学制品制造业	4.86	12 皮革毛皮羽绒及其制品业	4.98
10	30 交通运输设备制造业	3.84	27 金属制品业	3.95	27 金属制品业	4.17

资料来源：笔者根据 UNCOMTRADE 数据整理。

3.2 中国制造业出口二元边际

3.2.1 指标说明

新—新贸易理论认为，在开放条件下，出口企业进入国外市场面临一个由固定贸易成本和可变贸易成本所决定的临界生产率。只有生产率高于临界生产率的企业才会选择出口到国外市场。对出口企业而言，出口到不同国家的可变贸易成本和固定贸易成本不同，企业总是倾向于将产品出口到较低贸易成本的国外市场。进一步地，不同产品的可变贸易成本和固定贸易成本也不同，因此，在现实中，出口企业不会向所有国外市场出口。进一步地，即使出口到某个国外市场，也不会向这个市场出口所有产品。这导致产品层面的贸易流量数据出现两大类型：零值数据和正值数据。零值数据的减少，意味着出口扩展边际的增加，而正值数据的上升意味着出口集约边际的增加。Helpman 等（2008），Balwin 和 Harrigan（2007），施炳展（2010）从宏观、微观层面探讨并运用了贸易零值数据。基于大量零值的出现，在实证分析中，通常使用 Tobit 模型或者 Probit 模型估计出口的扩展边际，同时，使用 Heckman、Tobit 模型估计出口的集约边际。基于零贸易量的出口二元边际定义简单直观，充分利用了贸易零值的信息，但在集约边际上由于数据过于集中（Aggregate）丢失了大量的信息（Amiti & Freund, 2008），同时，扩展边际仅仅以零贸易量的变化表示过于简化，并且扩展边际以出口企业①数目表示，而集约边际以贸易量的增减表示，两个边际的度量存在不一致的地方，无法对这两个指标直接比较（陈磊，2012）。因此，更好的做法（Amurgo – Pacheco & Pierola, 2007; Hummels & Klenow, 2005）是以零值数据作为辅助信息对贸易正值数据进行分解，这样就可以量化出口集约边际和扩展边际，并且这两个指标具有横向和纵向的可比性。

Amurgo – Pacheco 和 Pierola（2008）从产品和市场两个维度分解出口总额。市场分为新市场和老市场，产品分为新产品和老产品。这样组成 $2 \times 2 = 4$ 个象限（老产品老市场；老产品新市场；新产品新市场和新产品老市场）。将老产品老市场定义为集约边际；其他三个象限定义为扩展边际。这个定义方法

---

① 新—新贸易理论假设一个企业仅仅出口一种产品。

利用了零值数据为辅助信息,对出口总额进行了分解。缺点是并没有考虑到老产品消失了的情况,这部分要从扩展边际中扣除,因此,这种定义方法夸大了扩展边际。

参照 Amurgo‐Pacheco 和 Pierola(2008)的定义,在此重新从产品—市场两个维度对出口二元边际进行定义:以时间 t-1 为基期,t 为报告期,产品 i 在第 t 期的贸易额为(V_{ti});新产品定义为第 s 期没有出口但第 t 期出口的产品;而新市场定义为第 s 期没有出口关系但第 t 期有出口关系的市场。这样,以零值数据为辅助信息,可以将出口额分为三大块,即:①从 t-1 期到 t 期都存在的出口产品和市场组合;②t-1 期不存在新产品,但是 t 期出现的产品和市场的组合;③t-1 期存在,但是 t 期消失的产品和市场组合。将①部分定义为集约边际,将第②和第③部分定义为扩展边际。按照这个定义对出口增长额进行分解,分解方法如图 3.7 所示,其中 t 分别代表任意时期,数字代表产品的出口市场,而字母代表出口的产品:

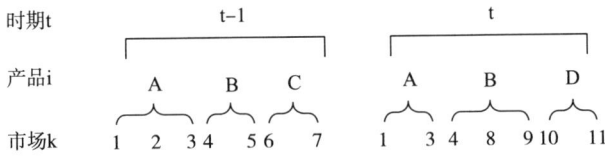

图 3.7　产品—市场维度的分解

如图 3.7 所示,我们将 t 期的出口额中的三大块细分为以下五个部分。从表 3.2 可知,出口总额划分为五个部分,分别为老产品老市场,老产品新市场,老产品向老市场出口的消失,老产品出口的消失,以及新产品的新出口。其中第一个部分定义为集约边际;后面四个部分定义为扩展边际。数学表达式如式(3.1)所示。

表3.2 集约边际和扩展边际的分解说明

定义	说明	贸易关系
集约边际	产品在第 t-1 期和第 t 期都存在并出口到相同的市场（老产品老市场）	A-1　A-3　B-4
扩展边际	产品在第 t-1 期和第 t 期都存在，但出口到新市场（老产品新市场）	B-8　B-9
	产品在第 t-1 期和第 t 期都存在，但第 t 期在老市场消失了（老产品向老市场出口的消失）	A-2　B-5
	产品在第 t-1 期存在，但是在第 t 期都消失了（老产品出口的消失）	C-6　C-7
	产品在第 t-1 期不存在，在第 t 期出口（新产品的新出口）	D-10　D-11

$$t\ 年出口总额 = \sum_{i=1}^{I_t}\sum_{k=1}^{K_t} V_{t,i,k} = \underbrace{\sum_{k\in\Omega}(V_{t,i,k})}_{\text{老产品向老市场的出口}}^{\text{集约边际}} +$$

$$\overbrace{\underbrace{\sum_{k\in\Omega^N} V_{t,i,k}}_{\text{新产品的新出口}} - \underbrace{\sum_{k\in\Omega^D} V_{t-1,i,k}}_{\text{老产品出口的消失}} - \underbrace{\sum_{i=1}^{I^O}\sum_{k=1}^{K^D} V_{t-1,i,k}}_{\text{老产品存在但向老市场出口的消失}} + \underbrace{\sum_{i=1}^{I^O}\sum_{k=1}^{K^N} V_{t,i,k}}_{\text{老产品存在向新市场出口}}}^{\text{扩展边际}}$$

$$= \sum_{i=1}^{I_t}\sum_{k=1}^{K_t} IM_{t,i,k} + \sum_{i=1}^{I_t}\sum_{k=1}^{K_t} EM_{t,i,k} \tag{3.1}$$

式中，Ω 代表与基期 $t-1$ 相比，第 t 期持续存在的产品和市场组合。N 代表新的产品或者新的市场，O 代表老的市场或者老的产品。t 代表时期，i 代表产品种类，而 k 代表市场或者国别。$V_{t,i,k}$ 代表第 t 期 i 产品向市场 k 的出口量。

进一步地，我们可以分别计算集约边际和扩展边际对出口增长的贡献：

集约边际贡献度

$$= \frac{\sum_{k\in\Omega} V_{t,i,k}}{\sum_{i=1}^{I_t}\sum_{k=1}^{K_t} V_{t,i,k} - \sum_{i=1}^{I_{t-1}}\sum_{k=1}^{K_{t-1}} V_{t-1,i,k}}$$

$$= \frac{\sum_{k\in\Omega} V_{t,i,k}}{\sum_{i=1}^{I_t}\sum_{k=1}^{K_t} V_{t,i,k} - \sum_{i=1}^{I_{t-1}}\sum_{k=1}^{K_{t-1}} V_{t-1,i,k} + \sum_{k\in\Omega^N} V_{t,i,k} - \sum_{k\in\Omega^D} V_{t-1,i,k} - \sum_{i=1}^{I^O}\sum_{k=1}^{K^D} V_{t-1,i,k} + \sum_{i=1}^{I^O}\sum_{k=1}^{K^N} V_{t,i,k} + \sum_{k\in\Omega} V_{t,i,k}}$$

技术创新与出口二元边际扩张

$$= 1 - \frac{\sum_{i=1}^{I_t}\sum_{k=1}^{K_t}V_{t,i,k} - \sum_{i=1}^{I_{t-1}}\sum_{k=1}^{K_{t-1}}V_{t-1,i,k} + \sum_{k\in\Omega^N}V_{t,i,k} - \sum_{k\in\Omega^D}V_{t-1,i,k} - \sum_{i=1}^{I^O}\sum_{k=1}^{K^D}V_{t-1,i,k} + \sum_{i=1}^{I^O}\sum_{k=1}^{K^N}V_{t,i,k}}{\sum_{i=1}^{I_t}\sum_{k=1}^{K_t}V_{t,i,k} - \sum_{i=1}^{I_{t-1}}\sum_{k=1}^{K_{t-1}}V_{t-1,i,k} + \sum_{k\in\Omega^N}V_{t,i,k} - \sum_{k\in\Omega^D}V_{t-1,i,k} - \sum_{i=1}^{I^O}\sum_{k=1}^{K^D}V_{t-1,i,k} + \sum_{i=1}^{I^O}\sum_{k=1}^{K^N}V_{t,i,k} + \sum_{k\in\Omega}V_{t,i,k}}$$

$= 1 - $ 扩展边际贡献度 (3.2)

此外，由于不同的产品类别隶属于不同的制造业细分行业，将不同产品的二元边际计算出来后再按不同行业进行加总，可得制造业细分行业 j 在 t 年的出口的集约边际和扩展边际：

$$IM_{t,j,k} = \sum_{i=1}^{J}\sum_{k=1}^{} IM_{t,i,k} \quad (3.3)$$

$$EM_{t,j,k} = \sum_{i=1}^{J}\sum_{k=1}^{} IM_{t,i,k} \quad (3.4)$$

3.2.2 中国制造业整体出口二元边际分析

本书利用中国制造业 1992~2013 年的产品出口数据进行测算，数据都来自联合国商品贸易统计数据库（UN Commodity Trade Statistics Database，UN Comtrade），UN Comtrade 提供 HS（2002）六个数位编码从 020110 到 961220 的贸易数据，样本集合最多包含了中国 213 个贸易伙伴和 4424 种制造业的出口产品。

表 3.3 对 2002~2013 年中国制造业的贸易增长二元边际进行了测算，上半部分报告的是集约边际和扩展边际变化的绝对值，而下半部分报告的是集约边际和扩展边际对出口增长的贡献以及对出口增长波动的贡献。由表 3.3 可得出以下几点结论：

第一，集约边际主导了中国制造业出口的增长。2002~2013 年，集约边际的贡献度为 93.42%，而从整个样本期看，扩展边际的贡献度为 6.59%。同时，样本期内每年的集约边际贡献度都在 90% 以上。这说明中国制造业出口的增长主要依赖于旧产品类别向旧产品市场的出口。这点与已有的针对中国出口贸易的经验研究（Helpman et al., 2008；Amiti & Freund, 2008；张杰, 2013）结论一致。

第二，自2002年以来，中国制造业出口的多样性得到了很大的提升。扩展边际的贡献度从2002年的不足1%（0.68%），上升到2013年的8.67%。意味着剔除了老产品向老市场出口的消失以及老产品出口的消失后，老产品出口到新的国外市场以及新产品的出口在逐渐增加。说明加入世界贸易组织以来，中国制造业出口的产品种类以及出口市场多样性在不断提升。

第三，集约边际下降是金融危机后中国制造业出口下滑的主要原因。2008年金融危机对中国制造业贸易产生了巨大的冲击，2009年中国制造业出口增长跌幅高达16%，减少200.76亿美元，其中集约边际的贡献度为93.41%，而扩展边际的贡献度为6.59%，因此出口下滑主要归因于集约边际的下降。

第四，集约边际对宏观经济冲击更敏感。2008年和2009年集约边际的贡献度分别为92.12%和93.41%，金融危机发生后，集约边际相对于扩展边际而言，更加敏感，以更快的速度下降。

第五，金融危机后的出口恢复，主要依赖于集约边际上升的拉动。2010年中国制造业出口逐渐恢复，集约边际变动的贡献度为89.39%，扩展边际变动的贡献度反而下降到10.61%，说明出口的恢复主要归因于集约边际的推动。

第六，金融危机后，中国制造业更重视出口的多样性。2002~2008年，是加入世界贸易组织后贸易壁垒消失促使出口扩展边际增加的黄金时期。但这段时期内，扩展边际贡献度仅为4.49%；反观2008~2013年，扩展边际的贡献度为8.10%。这说明金融危机后，出口产品的种类以及市场更加多样化。

那么，为什么中国制造业出口增长容易受到宏观经济冲击的影响？导致制造业出口贸易条件的持续恶化根源在哪里？

如果一国的贸易增长主要体现为集约边际，说明大部分的贸易增长由较少部分的企业或产品所贡献。当遇到诸如价格暴跌等外部经济冲击时,该国由于出口的企业和出口的产品过于集中,贸易增长容易产生大幅度波动(Agosin,2007;Hausmann & Klinger,2006;Lederman & Melnoey,2005)。并且过度依赖少数企业或少数产品出口量的扩张而导致贸易条件恶化,甚至出现贫困式的增长。相反,如果一国贸易增长主要是沿着扩展边际实现的,则说明一国出口的产品种类以及出口地区更加多样化,该国企业的国际竞争力更强,宏观经济冲击风险的抵抗能力越强。

综上所述,过分依赖集约边际增长是出口容易受到冲击的根本原因。集约边际的大幅度波动导致贸易出口在宏观经济冲击下迅速萎缩。这意味着在全球经济增长放缓的背景下,依靠集约边际扩张的出口模式是不可持续的、脆弱的,必将导致贸易条件恶化。同时,虽然中国制造业逐渐重视出口的多样性,但2013年10%以下的扩展边际贡献度意味着依然有很大的提升空间。因此,实施出口"地区多样化"和"产品多元化"战略在未来很长一段时期内是中国制造业出口优化贸易结构,转变出口贸易增长方式,缓解出口波动,改善贸易条件的必然选择。

3.2.3 中国制造业分行业出口二元边际分析

在对中国制造业整体的出口二元边际分析后,进一步地,我们将 HS(2002)六位码以 ISIC3.1 分类标准为中介,然后对应到《国民经济行业分类(GB/T 4754—2002)》制造业的 28 个细分行业中,根据式(3.3)和式(3.4),可以得到制造业细分行业 j 在 t 年的出口的集约边际和扩展边际。然后将集约边际和扩展边际除以对应年份的出口总额,得到该细分行业在 t 年的集约边际和扩展边际的贡献度。可以得到以下几点结论:

第一,集约边际是细分行业出口增长的主要途径。样本期内,所有细分行

表 3.3　2002～2013 年中国制造业出口贸易增长二元边际测算

变化额（单位：十亿美元）

	2002 年	2003 年	2004 年	2005 年	2006 年	2007 年	2008 年	2009 年	2010 年	2011 年	2012 年	2013 年	2002～2008 年	2009～2013 年	2002～2013 年
1. 出口总额	29.1	39.8	54.7	70.4	90.5	103.1	122.6	101.8	134.9	149.4	160.8	162.3	510.2	709.2	1219.4
2. 集约边际	28.95	39.51	53.79	68.62	86.99	96.48	112.91	95.10	124.71	136.93	146.91	148.25	487.3	651.9	1139.2
3. 扩展边际	0.20	0.30	0.92	1.75	3.51	6.58	9.65	6.71	10.22	12.52	13.89	14.07	22.9	57.4	80.3
4. 出口增加额 (4=5+6)		10.66	14.90	15.66	20.13	12.56	19.50	-20.76	33.13	14.51	11.35	1.52	93.5	39.7	133.2
5. 集约边际增加		10.55	14.28	14.83	18.37	9.49	16.43	-17.82	29.62	12.22	9.98	1.34	84.0	35.34	119.30
6. 扩展边际增加		0.10	0.62	0.83	1.76	3.07	3.07	-2.95	3.52	2.30	1.37	0.18	9.5	4.42	13.87

结构比例（%）

	2002 年	2003 年	2004 年	2005 年	2006 年	2007 年	2008 年	2009 年	2010 年	2011 年	2012 年	2013 年	2002～2008 年	2009～2013 年	2002～2013 年
7. 集约边际贡献度 (7=2/1)	99.32	99.24	98.32	97.51	96.12	93.61	92.12	93.41	92.42	91.62	91.36	91.34	95.50	91.92	93.42
8. 扩展边际贡献度 (8=3/1)	0.68	0.76	1.68	2.49	3.88	6.39	7.88	6.59	7.58	8.38	8.64	8.67	4.49	8.10	6.59
9. 集约边际变动贡献度 (9=5/4)		99.03	95.86	94.69	91.26	75.53	84.25	85.81	89.39	84.18	87.90	88.16	89.80	89.02	89.56
10. 扩展边际变动贡献度 (10=6/4)		0.97	4.14	5.31	8.74	24.47	15.75	14.19	10.61	15.82	12.10	11.84	10.11	11.13	10.41

资料来源：笔者根据 UN COMTRADE 数据整理。

业的集约边际贡献度均值为92.75%，标准差为4.38%。因此，细分行业的出口主要依赖于老产品对老市场的出口。样本期内，中国制造业出口主要集中在"通信设备、计算机及其他电子设备制造业（占制造业出口的25.5%）""电气机械及器材制造业（9.85%）"，"纺织服装、鞋、帽制造业（6.81%）""纺织业（5.68%）""通用设备制造业（5.04%）"。企业参与国际竞争主要依赖于劳动密集型的比较优势，导致出口的企业以老产品为主；同时，在样本期内，中国制造业的出口呈现出较高的市场集中度，主要集中在欧盟、美国、东盟、中国香港、日本。从供给的角度，企业出口除了考虑贸易成本这些显性成本外，还要考虑营销成本、制度风险等隐性成本，企业前期的出口经验将影响出口决策，因此，企业尽量规避出口市场的扩张，而着力于出口数量扩张。制造业出口出现了"路径依赖"，最终表现为制造业出口增长主要依靠集约边际的贡献。

另外，出口增长主要依赖于集约边际，意味着老产品向老市场的出口为主。在全球经济增长放缓，越南、印度、巴西等发展中国家积极参与国际竞争、知识产权保护获得全球共识的环境下，利用传统比较优势参与国际分工必然导致贸易条件的逐渐恶化。

第二，各细分行业出口沿扩展边际扩张具有较高的潜力。除了"黑色金属冶炼及压延加工业""石油加工、炼焦及核燃料加工业""交通运输设备制造业""化学原料和化学制品制造业""化学纤维制造业"之外，其他的23个细分行业的扩展边际贡献度皆小于10%，还有很大的向上增长空间。

第三，制造业28个细分行业中在样本期内扩展边际贡献度都逐渐上升，集约边际贡献度都逐渐下降。用最小二乘法对样本期内各细分行业扩展边际的贡献度作直线回归，得到各行业的扩展边际贡献度的拟合直线的斜率都大于零（见表3.4）。这说明制造业各细分行业出口多样性在逐渐提高，扩展边际不断提升。拟合直线斜率前五的行业分别为：黑色金属冶炼及压延加工业；石油加工、炼焦及核燃料加工业；交通运输设备制造业；通用设备制造业；有色金属冶炼和压延加工业。这五个行业在样本期内扩展边际贡献相对其他行业而言，增加比较迅速。这五个行业分为两大类：一是具有传统比较优势的、产能严重过剩的行业，例如黑色金属冶炼及压延加工业；二是资本、技术要素密集的行业，例如通用设备制造业、交通运输设备制造业等。这些行业随着研发投入和技术创新水平的不断提高，扩展边际对行业的出口增长贡献度加速提升。

表3.4 2002～2013年中国制造业细分行业扩展边际贡献度统计

行业代码	行业	均值（%）	标准差（%）	拟合直线的斜率	行业代码	行业	均值（%）	标准差（%）	拟合直线的斜率
13	农副食品加工业	7.39	3.74	0.010	27	医药制造业	3.05	1.75	0.005
14	食品制造业	8.33	3.18	0.005	28	化学纤维制造业	11.87	3.98	0.008
15	饮料制造业	9.00	7.39	0.009	29	橡胶和塑料制品业	2.02	0.97	0.002
16	烟草制品业	6.00	2.70	0.007	30	非金属矿物制品业	5.66	3.44	0.009
17	纺织业	3.45	2.31	0.006	32	黑色金属冶炼及压延加工业	29.41	16.39	0.044
18	纺织服装、鞋、帽制造业	1.72	0.97	0.002	33	有色金属冶炼和压延加工业	8.26	5.47	0.015
19	皮革、毛皮、羽毛及其制品和制鞋业	0.43	0.23	0.001	34	金属制品业	2.73	1.71	0.005
20	木材加工和木、竹、藤、棕、草制品业	4.32	2.36	0.006	35	通用设备制造业	9.67	5.63	0.015
21	家具制造业	0.72	0.53	0.001	36	专用设备制造业	3.44	2.42	0.007
22	造纸及纸制品业	8.73	4.99	0.010	37	交通运输设备制造业	22.47	11.44	0.031

续表

行业代码	行业	均值(%)	标准差(%)	拟合直线的斜率	行业代码	行业	均值(%)	标准差(%)	拟合直线的斜率
23	印刷业和记录媒介的复制	4.03	1.75	0.004	39	电气机械和器材制造业	2.08	1.31	0.004
24	文教体育用品制造业	1.42	1.02	0.003	40	通信设备、计算机及其他电子设备制造业	1.83	0.87	0.002
25	石油加工、炼焦及核燃料加工业	27.18	14.11	0.035	41	仪器仪表及文化、办公用机械制造业	0.65	0.33	0.001
26	化学原料和化学制品制造业	11.88	5.60	0.014	42	工艺品及其他制造业	5.22	3.21	0.009

资料来源：笔者根据 UN COMTRADE 数据整理。

第四，金融危机后，出口恢复以集约边际回升为主。2008年、2009年和2010年，各细分行业的集约边际贡献度均值分别为90.5%、90.6%和90.1%。2009年中国制造业出口大幅度下降，而2010年出口大幅度反弹。这意味着宏观经济冲击引发的出口波动归结于集约边际的变动。或者说过度依赖集约边际是出口模式面对宏观经济冲击显得非常脆弱的主要原因。因此，要缓解中国制造业的出口波动，必然要着手于转变过去的贸易增长模式，提高产品质量、提高工艺水平，开拓新的出口市场。

综上所述，无论是从制造业整体的二元边际分析，还是从细分行业的二元边际分析可知，过度集约边际的出口扩张模式是脆弱的，容易受到宏观经济冲击的影响，这也是中国制造业出口增长与贸易条件恶化并存的主要原因。

3.3 中国制造业技术创新现状分析

3.3.1 中国制造业整体技术创新现状

自2008年金融危机以来,制造业在经济发展中所承担的功能和作用为世界所共识,全球产业竞争格局正在发生深刻的调整。美国推动"再工业化"进程,德国打造"工业4.0"战略,日本大力发展机器人产业革命,巴西提出工业强国计划,促进产品出口多元化,印度提出"印度制造"(Made in India)战略,旨在提升印度制造业在全球的市场份额等,中国则抛出了制造强国战略行动纲领《中国制造2025》。世界各国纷纷抢占制造业新一轮竞争制高点。

内生经济增长理论认为,技术进步是由人们的行为决定的,是可以通过政策等加以影响的。通过技术创新实现技术进步,提高企业的生产效率,提高产品质量,增加产品种类,增强出口竞争力。

表3.5 研究开发支出占国内生产总值的比重及对比

年份	研发占国内生产总值的比例(%)						相对美国(%)				
	美国	德国	日本	中国	印度①	巴西	德国	日本	中国	印度	巴西
2000	2.62	2.40	3.00	0.90	0.74	1.00	91.4	114.5	34.3	28.4	38.1
2001	2.64	2.39	3.07	0.95	0.72	1.03	90.5	116.5	35.8	27.4	39.1
2002	2.55	2.42	3.12	1.06	0.71	0.98	94.9	122.2	41.7	28.0	38.3
2003	2.55	2.46	3.14	1.13	0.71	1.00	96.4	123.2	44.2	27.7	39.1
2004	2.49	2.42	3.13	1.22	0.74	0.96	97.4	125.8	49.1	29.9	38.7

① 除印度外,全部国家研发占比数据仅更新至2012年。

续表

年份	研发占国内生产总值的比例（%）						相对美国（%）				
	美国	德国	日本	中国	印度①	巴西	德国	日本	中国	印度	巴西
2005	2.51	2.43	3.31	1.32	0.81	1.00	96.8	132.0	52.6	32.3	40.0
2006	2.55	2.46	3.41	1.38	0.80	0.99	96.4	133.7	54.1	31.3	38.7
2007	2.63	2.45	3.46	1.38	0.79	1.08	93.2	131.8	52.7	30.1	41.2
2008	2.77	2.60	3.47	1.46	0.84	1.13	94.0	125.3	52.7	30.4	40.8
2009	2.82	2.73	3.36	1.68	0.82	1.12	96.9	119.2	59.6	29.1	39.8
2010	2.74	2.72	3.25	1.73	0.80	1.16	99.2	118.9	63.1	29.1	42.4
2011	2.77	2.80	3.38	1.79	0.82	1.14	101.1	122.3	64.9	29.7	41.2
2012	2.81	2.88	3.34	1.93	—	1.15	102.5	119.1	68.7	—	41.0

资料来源：世界银行数据库。

技术创新上，首先从投入角度进行分析。表3.5报告了2000～2012年上述"野心勃勃"各国的研发占国内生产总值比例的情况。由表3.5可知，发达国家（美国、日本和德国）的研发占国内生产总值的比例一直在稳定上升，远远高于发展中国家（中国、印度、巴西）。日本研发占比一直高于美国，而德国在2010年以来，研发投入也在加大，2012年超过美国，研发占比相当于美国的102.5%。

中国自加入世界贸易组织以来，研发投入占比也在不断攀升，从2000年的0.9%攀升到2012年的1.93%。与美国对比，从2000年相当于美国当年的34.3%已经上升到2012年的68.7%。这表明中国技术创新力度在不断增强，向发达国家迅速迫近。同时，相对印度和巴西而言，中国明显在研发占比上暂时占有优势，表明中国非常重视技术创新，在研发投入方面，已经跃居世界前列。

从产出角度分析技术创新强度。2000～2013年中国的专利申请量在不断

---

① 除印度外，全部国家研发占比数据仅更新至2012年。

增加，2000~2009年专利申请量年均增长22.16%，2009~2013年专利申请量年均增长上升到28.24%，表明金融危机后，国内企业越来越重视技术创新，专利申请量加速增长。

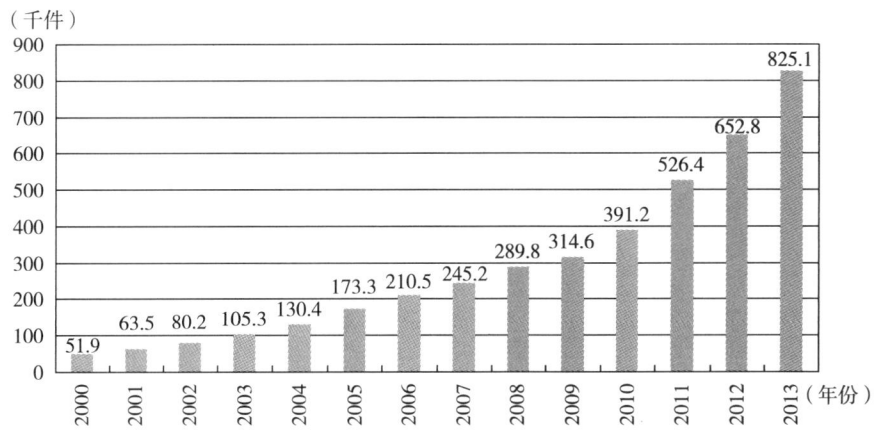

图3.8　2000~2013年中国专利申请量

资料来源：世界银行数据库。

综上所述，自2000年以来，技术创新强度无论从投入角度还是产出角度，都有了长足的进步。进一步地，结合表3.3，说明中国制造业出口集约边际不断下降，扩展边际不断上升的趋势，大体可以得出这样一个结论：2002年以来，制造业出口扩展边际逐步提升，可以归因于企业加大研发投入来提升企业的技术创新水平。或者说，企业通过技术创新，促进质量升级、增加产品种类、提升企业生产效率以及不断开拓新的出口市场，使出口的扩展边际不断提高。

3.3.2　中国制造业细分行业技术创新现状

由表3.6可知，2002~2013年制造业细分行业研发人员全时当量年均增长速度最高的五个行业分别为专用设备制造业，交通运输设备制造业，通信设备、计算机及其他电子设备制造业，仪器仪表及文化办公用机械制造业，通用设备制造业，年均分别增长49.97%、49.13%、46.29%、41.12%和40.99%。

表3.6 2002~2013年制造业细分行业研发人员全时当量年均增长速度

	行业	年均增长速度（%）		行业	年均增长速度（%）
13	农副食品加工业	39.72	27	医药制造业	24.02
14	食品制造业	31.00	28	化学纤维制造业	38.37
15	饮料制造业	11.57	29	橡胶和塑料制品业	35.26
16	烟草制品业	35.84	30	非金属矿物制品业	26.80
17	纺织业	34.94	32	黑色金属冶炼及压延加工业	39.36
18	纺织服装、鞋、帽制造业	36.10	33	有色金属冶炼和压延加工业	30.93
19	皮革、毛皮、羽毛及其制品和制鞋业	35.70	34	金属制品业	30.04
20	木材加工和木、竹、藤、棕、草制品业	12.25	35	通用设备制造业	40.99
21	家具制造业	26.75	36	专用设备制造业	49.97
22	造纸及纸制品业	27.95	37	交通运输设备制造业	49.13
23	印刷业和记录媒介的复制	27.80	39	电气机械和器材制造业	36.73
24	文教体育用品制造业	11.65	40	通信设备、计算机及其他电子设备制造业	46.29
25	石油加工、炼焦及核燃料加工业	10.65	41	仪器仪表及文化、办公用机械制造业	41.12
26	化学原料和化学制品制造业	28.35	42	工艺品及其他制造业	26.43

资料来源：2004~2014年历年《中国科技统计年鉴》。

结合表3.6中拟合直线斜率前五的行业分别为：黑色金属冶炼及压延加工业；石油加工、炼焦及核燃料加工业；交通运输设备制造业；通用设备制造业；有色金属冶炼和压延加工业。大体可以得出的结论是：资本、技术要素密集的行业，例如通用设备制造业以及交通运输设备制造业等，这些行业扩展边际对出口增长的贡献增速更快，主要得益于研发投入的加大，技术创新强度的提高。

3.4 本章小结

本章在对中国制造业出口总量和出口结构分析的基础上，归纳出中国制造业出口的两大特征：一是出口增长容易受到宏观经济冲击的影响；二是贸易条件持续恶化。那么，为什么中国制造业出口增长容易受到宏观经济冲击的影响？导致制造业出口贸易条件的持续恶化根源在哪里？

为了回答这两个问题，本书对中国制造业整体的出口二元边际和细分的二元边际作了细致的分析，分析表明：过分依赖集约边际增长是出口容易受到冲击的根本原因。集约边际的大幅度波动导致贸易出口在宏观经济冲击下迅速萎缩。这意味着在全球经济增长放缓的背景下，依靠集约边际扩张的出口模式是不可持续的、脆弱的，必将导致贸易条件恶化。因此，实施出口"地区多样化"和"产品多元化"战略在未来很长一段时期内是中国制造业优化贸易结构，转变出口贸易增长方式，缓解出口波动，改善贸易条件的必然选择。

进一步地，本书对中国制造业行业整体以及细分行业的技术创新作了分析，分析表明：2002年以来，制造业出口扩展边际逐步提升，可以归因于企业加大研发投入以提升企业的技术创新水平。因此，优化中国制造业贸易结构，转变出口贸易增长方式，改善贸易条件需要推动企业加强技术创新。

第4章 技术创新与制造业的出口二元边际：影响机制和理论分析

Melitz（2003）的异质企业贸易理论为国际贸易理论研究提供了一个崭新的视角，开启微观层面贸易模式的研究。更多的研究人员在 Melitz（2003）异质性模型的基础上，逐渐放松模型假设，并在后续的研究中，引入更多的考虑因素，不仅丰富了研究内容，也为贸易的发展提供了更多的理论和依据。本章在 Melitz（2003）模型的扩展研究——Chaney（2008）模型的基础上，引入技术创新变量，探讨技术创新对优化出口二元边际结构的作用机制。

4.1 Chaney 理论框架及简化

基于新贸易理论的传统引力模型认为，贸易流量与贸易双方的经济总量成正比，与贸易双面之间的距离成反比。传统引力模型假设企业是同质的。Chaney（2008）将异质性企业理论引入引力模型，构建一个多边非对称异质性企业贸易引力模型，从供给角度证明，贸易壁垒对出口企业数量（扩展边际）

和平均出口量（集约边际）的影响取决于不同的市场特征（商品之间的替代弹性不同）。而贸易壁垒并非本研究的关注点，Chaney（2008）模型的重要贡献在于对 Melitz（2003）模型将贸易增量分解为扩展边际和集约边际，并且得到扩展边际和集约边际的解析解①。本节对 Chaney（2008）理论框架进行了简化，为后面的扩展奠定了基础。

4.1.1 消费者行为

假设存在 R 个国家以及 K+1 个行业。在 K+1 个行业中，有 1 个行业雇佣劳动力生产可自由贸易的同质产品。此同质产品作为计价物，价格设定为 1。而其他 K 个行业都是自身所处领域的垄断者，生产具有差异性的连续型产品，所有产品种类的集合为 Ω。

假设单一产品在全部产品中的消费比重为 μ_0，其他 K 个部门产品的消费比重分别为 $\mu_1, \mu_2, \cdots, \mu_k$。$\mu_0$ 和 μ_k 是大于 0 的参数，并且满足 $\mu_0 + \sum_k \mu_k = 1$。假定决定不同行业消费的上层效用函数采用柯布—道格拉斯函数形式：

$$U_j = q_0^{\mu_0} \prod_{k=1,\cdots,H} \Big(\int_{i \in \Omega_k} q_k(\omega)^{(\sigma_k-1)/\sigma_k} d\omega \Big)^{\frac{\sigma_k}{\sigma_k-1}\mu_k} \tag{4.1}$$

将具有相同偏好的消费者的效用函数设定为 CES 函数形式，即决定多样性消费的子效用函数为：

$$q_k = \Big(\int_{\omega \in \Omega} q_i(\omega)^\rho d\omega \Big)^{\frac{1}{\rho}} \tag{4.2}$$

q_k 是 j 国消费者对行业 k 中 i 类产品的需求量（Dixit & Stiglitz, 1977），即 $q_k = U_{ik} = \Big(\int_{\omega \in \Omega_k} q_i(\omega) d\omega \Big)^{\frac{1}{\rho}}$；$\Omega_k$ 是行业 k 可选择的所有产品的集合；q_{0j} 是 j

---

① Helpman（2008）的模型不能给出扩展边际的解析解。

国对计价物的需求量。ρ 为偏好系数，$0<\rho<1$，$\rho=\dfrac{\sigma_k}{\sigma_k-1}$，$\sigma_k$ 是行业 k 中不同产品间的不变替代弹性，σ_k 总是大于 1。ρ 越接近于 1，意味着产品的替代弹性越高。当 $\rho=1$ 时，表明产业内产品之间是可以完全相互替代的。这是经典的 Dixit 和 Stiglitz（1977）垄断竞争框架，明显地，消费者效用取决于两个方面：消费者对某种产品的消费数量以及消费者消费产品的种类。

由多样性消费的子效用函数，可以得到对应的价格指数，根据消费者支出最小化条件：

$$\text{Min} \int p(\omega)q(\omega)d\omega$$

$$\text{s.t.} \ q_k = \left(\int_{\omega \in \Omega} q_i(\omega)^\rho d\omega \right)^{\frac{1}{\rho}} = Q \tag{4.3}$$

构造拉格朗日函数（Lagranges' Function）

$$L = \int p(\omega)q(\omega)d\omega + \lambda \left[Q - \left(\int_{\omega \in \Omega} q_i(\omega)^\rho d\omega \right)^{\frac{1}{\rho}} \right] \tag{4.4}$$

求偏导：

$$\frac{\partial L}{\partial \lambda} = Q - \left(\int_{\omega \in \Omega} q_i(\omega)^\rho d\omega \right)^{\frac{1}{\rho}} = 0 \tag{4.5}$$

$$\frac{\partial L}{\partial q(\omega)} = p(\omega) - \frac{1}{\rho} \left(\int q(\omega)d\omega \right)^{\frac{1}{\rho}-1} \cdot \rho \cdot q(\omega)^{\rho-1} = 0 \tag{4.6}$$

$$\Rightarrow \lambda \left(\int q(\omega)^\rho d\omega \right)^{\frac{1}{\rho}-1} q(\omega)^{\rho-1} = p(\omega) \tag{4.7}$$

有：

$$\lambda \left(\int q(\omega_1)^\rho d\omega_1 \right)^{\frac{1}{\rho}-1} q(\omega_1)^{\rho-1} = p(\omega_1) \tag{4.8}$$

$$\lambda \left(\int q(\omega_2)^\rho d\omega_2 \right)^{\frac{1}{\rho}-1} q(\omega_2)^{\rho-1} = p(\omega_2) \tag{4.9}$$

$\omega_1 \neq \omega_2$，两式对比得：

$$\frac{q(\omega_1)^{\rho-1}}{q(\omega_2)^{\rho-1}} = \frac{p(\omega_1)}{p(\omega_2)} \tag{4.10}$$

上式说明，任意两种产品的边际替代率等于其价格之比，进一步地，

$$q(\omega_1)^{\rho-1} = \frac{p(\omega_1)}{p(\omega_2)} q(\omega_2)^{\rho-1} \tag{4.11}$$

将式（4.11）代入约束条件 $\left(\int_{\omega \in \Omega} q_i(\omega)^\rho d\omega \right)^{\frac{1}{\rho}} = Q$ 中，有：

$$q(\omega_2) = \frac{p(\omega_2)^{\frac{1}{\rho-1}}}{\int p(\omega_1)^{\frac{\rho}{\rho-1}} d\omega_1} Q \tag{4.12}$$

公式两边乘以 $p(\omega_2)$，并对 ω_2 积分可得：

$$\int p(\omega_2) q(\omega_2) d\omega_2 = \left(\int p(\omega_1)^{\frac{\rho}{\rho-1}} d\omega_1 \right)^{\frac{\rho-1}{\rho}} Q \tag{4.13}$$

令 P_j 表示出口市场的价格指数，$\rho = \frac{\sigma-1}{\sigma}$（或者 $\sigma = \frac{1}{1-\rho} > 1$），有：

$$P_j = \left(\int p(\omega)^{1-\sigma} d\omega \right)^{\frac{1}{1-\sigma}} \tag{4.14}$$

4.1.2 厂商行为

本国某行业 L 中有 N 家企业生产并出口产品。考虑到专业化生产和规模经济，每个企业只生产一种产品，企业产品之间各不相同。企业如果要出口商品，需要考虑生产的边际成本和贸易成本。贸易成本分为两种。一种是可变贸易成本，如 Samuelson（1954）假设为"冰山型"（iceberg），即如果 τ_j 个 i 类产品运输到 j 国，仅 1 个可到达 j 国（$\tau_j > 1$），其他部分（$\tau_j - 1$）在路途中以冰山的形式融化掉。τ_j 越大表示可变贸易成本越大。贸易可变成本（例如运输成本）与贸易量有关。

另一种是固定贸易成本，是企业进入外国市场必须付出的固定成本，属于

沉没成本。根据异质性贸易理论基本框架设定，由于固定进入成本（Fixed Entry Cost）的存在，生产率低的企业由于净利润小于 0 而无法进入。固定成本包括在外国市场进行营销和分销的成本、海关的通关成本，为了适应消费者需求进行产品本地化修改产生的成本以及制度成本等，在此表示为 C_j。但是，一旦企业进入了外国市场，固定进入成本就与贸易量无关，也和企业的生产率没有关系。

从异质性理论角度，企业的异质性体现在生产率的差异上，参照 Crozet 和 Koeing（2010）的做法，将 Chaney（2008）对企业生产率遵循帕累托分布（Parato Distribution）假设①转换为边际成本的分布。假设企业生产的边际成本为 a，$0 < a < 1$。边际成本介于 $0 \sim 1$，满足参数为 γ^k 的帕累托分布②，$P(\tilde{a}_j < a) = G_k(a) = a^{\gamma k}$，$\gamma^k > \sigma_k - 1$。$\gamma^k$ 为行业 k 企业规模（Scaling Parameter）的参数，它是行业 k 中的企业的异质程度逆向测度（Inverted Measure）。$\gamma^k > 1$。当 $\gamma^k = 1$ 时，边际成本服从 $(0, 1)$ 均匀分布。同时，γ^k 值趋于无穷大时，边际成本 a 分布越集中。反之，该值越小，企业间的异质性越高。如果 $\gamma_2 \geq \gamma_1 \geq 1$，由于 $0 < a < 1$，所以 $G_1(\tilde{a}) < G_2(\tilde{a})$。那临界边际成本 $\tilde{a}_j$ 是企业出口需克服的固定贸易成本，当 $\tilde{a}_j$ 一定时，γ^k 越小，行业中低于临界边际成本 $\tilde{a}_j$ 的企业越多，或者说行业中的生产率高于临界生产率的企业越多。

由此，考虑到边际成本的情况下，行业 k 生产 q 单位 i 类产品，并且出口到 j 国的成本为：

$$TC_{ij}^k(a_i) = a_i q(a_i) \tau_j + C_j \tag{4.15}$$

依据 D - S 垄断竞争模型的设定，厂商具有垄断特征，由于不属于自然或

---

① Helpman，Meltiz，Yeaple，2004；Chaney，2008 假设生产率遵循帕累托分布（接近于美国企业生产率实际分布）。

② 这种假设可以保证在均衡状态下，企业规模分布可以得到确定的均值，详见 Helpman，Meltiz，Yeaple（2004）。

者行政垄断行业，市场存在潜在进入的企业。那么垄断厂商制定垄断价格 P，则潜在进入企业将以低于 P 的价格进入，从而夺走该垄断厂商的市场。因此，这些垄断厂商不可以按照垄断价格定价。企业最优的定价策略是边际成本加成定价，使企业的利润最大化。因此，在 j 国销售的产品 i 的价格为：

$$p_{ij}^k(a_i) = \frac{\sigma_k}{\sigma_k - 1} a_i \tau_{ij}^k \tag{4.16}$$

4.1.3 需求

令 j 国的总需求等于 $E_j = \mu Y_j$，其中，μ 为在总收入 Y_j 中用于行业 k 消费相关产品所占的比重。

$$Max U_j = q_0^{\mu_0} \prod_{k=1,\cdots,H} \left(\int_{i \in \Omega_k} q_k(\omega)^{(\sigma_k-1)/\sigma_k} d\omega \right)^{\frac{\sigma_k}{\sigma_k-1}\mu_k}$$

$$s.t. \sum p_j^k q_j^k = E_j \tag{4.17}$$

构造拉格朗日函数（Lagranges' Function）

$$L = \left[q_0^{\mu_0} \prod_{k=1,\cdots,H} \left(\int_{i \in \Omega_k} q_k^{\sigma_k-1} \right)^{\mu_k \frac{\sigma}{\sigma-1}} \right] + \lambda (E_j - \sum p_j q_j) \tag{4.18}$$

求偏导，并令 $\frac{\partial L}{\partial \lambda} = 0, \frac{\partial L}{\partial q_j} = 0$，

可以得到 j 国对行业 k 的产品 i 的需求量：

$$q_{ij}^k(a_i) = \frac{[p_{ij}(a_i)]^{-\sigma_k}}{P_j^{1-\sigma_k}} E_j \tag{4.19}$$

因此，j 国的总的需求额，或者本国行业 k 出口到 j 国的总的出口额为：

$$x_{ij}^k(a_i) = p_{ij}^k(a_i) q_{ij}^k(a_i) = \left(\frac{p_{ij}^k(a_i)}{P_j} \right)^{1-\sigma_k} E_j \tag{4.20}$$

4.1.4 利润

企业的利润可以表示为：

$$\pi = px - f$$

将前面的价格以及需求函数代入,可以得到 i 企业的利润函数:

$$\pi_{ij}(a_i) = x_{ij}^k(a_i) - TC_{ij}^k(a_i) = x_{ij}^k(a_i) - [a_i q(a_i) \tau_{ij}^k + C_j] = x_{ij}^k(a_i) - a_i \frac{x_{ij}^k(a_i)}{p_{ij}^k} \tau_{ij}^k - C_j$$

$$= x_{ij}^k(a_i) - \frac{\sigma^k - 1}{\sigma^k} x_{ij}^k(a_i) - C_j = \frac{1}{\sigma^k} x_{ij}^k(a_i) - C_j = \left(\frac{\sigma^k}{\sigma^k - 1} \frac{a_i \tau_{ij}^k}{P_j} \right)^{1-\sigma^k} E_j - C_j$$

(4.21)

企业利润是企业出口的决策依据。市场规模 E_j 越大,出口市场的价格指数 P_j 越大,企业利润越高;贸易障碍诸如冰山成本 τ_{ij}^k,出口固定成本 C_j 越大,企业利润越小。此外,企业的边际成本越大,企业的利润越小。如果企业进行成本加成,$\frac{\sigma_k}{\sigma_k - 1}$ 是成本加成倍数(Mark-up),则 σ 越小,意味着需求的价格弹性越小,即企业的市场势力越大,企业可以制定更高的价格,企业的利润越高。

异质性贸易理论认为,边际成本低的企业同时在国内外市场销售,而边际成本高的企业无法克服固定贸易成本而利润为零甚至是为负,将退出出口市场,仅在国内市场销售。在进入和退出出口市场双方力量的共同作用下,出口市场达到均衡状态。企业的进出市场最终使利润恰好为零,关门条件(Zero Cut-off Condition,ZCP)对应的生产率被称为出口生产率的门槛值,或者临界生产率。前面已经讨论过,企业的生产率越高,边际成本越低。在此,将临界生产率对应的边际成本成为临界边际成本 $\tilde{a}_j$(Threshold Value)。

根据企业的利润函数,可以得到企业出口到国外市场的最高边际成本:

$$\tilde{a}_j = \lambda_j \left(\frac{1}{C_j} \right)^{1/\sigma_k - 1} \frac{1}{\tau_j^k}$$

(4.22)

式中，$\lambda_j = \dfrac{\sigma_k - 1}{\sigma_k}(E_j)^{1/\sigma_k - 1} P_j$。

在定义了边际成本门槛值 $\tilde{a}_j$ 后，本国的企业可以分成两类：企业的边际成本高于 $\tilde{a}_j$ 时，企业仅在国内销售；企业的边际成本低于 $\tilde{a}_j$ 时，企业同时在国内外市场销售。模型可以解释双边贸易某些种类产品零贸易值的存在。

4.1.5 出口企业的数量以及出口总额

基于边际成本门槛值 $\tilde{a}_j$，以及企业的边际成本分布函数 $G_k(a)$，则本国的出口企业数量[①]为：

$$N_j = \int_0^{\tilde{a}_j} NG(a)da = \left[N\frac{\gamma}{\gamma-1}\lambda_j^\gamma \right]\left(\frac{1}{C_j}\right)^{\gamma/\sigma-1}\tau_j^{-\gamma} \tag{4.23}$$

同时，可以得到本国向 j 国市场的出口总额：

$$M_j = \int_0^{\tilde{a}_j} Nx_{ij}(a_i)G(a)da = \Theta \frac{E_j}{P_j^{1-\sigma}} N (C_j)^{-\frac{[\gamma-(\sigma-1)]}{\sigma-1}}(\tau_j^{-\gamma}) \tag{4.24}$$

式中，$\Theta = \left(\dfrac{\sigma}{\sigma-1}\right)^{1-\sigma}\left(\dfrac{\gamma}{\gamma-(\sigma-1)}\right)\lambda_j^{\gamma-(\sigma-1)}$。

由上式可知，双边贸易随着 j 国的市场需求量（E_j）以及本国的供应能力（企业的数量 N）增加而增加。当然，贸易随着贸易成本 τ_j 增加而减少。出口企业的数量（N_j）和出口总额（M_j）与企业的异质性（γ）或边际成本（a）相关。

4.2 模型扩展——技术创新与企业的异质性

技术创新可以提高生产要素的边际生产率，进而提升一国的出口绩效以及

---

① 为了表达的简洁性，在以下的计算推导中，省略表示行业得下标 k。

实现贸易结构的升级。但是如何解释技术创新对出口绩效的影响依然存在分歧。一种观点是技术创新使企业可以为市场提供更多的新产品或者向国外市场出口更多类别的产品（Krugman，1979；Dollar，1986；Grossman & Helpman，1989）。这类文献强调创新的作用是提升贸易出口的扩展边际。另外一种观点是技术创新使企业提高产品的质量（Flam & Helpman，1987；Grossman & Helpman，1991a）或者促进了生产率的提高（Eaton & Kortum，2001，2002）。这类文献强调技术创新将转变出口国的贸易比较优势，最终获得更高的出口额。这两类文献在不同的框架下分别讨论技术创新影响集约边际和扩展边际的机制。本节是在 Chaney（2008）理论框架的基础上进行改进，借鉴 Wei - Chih（2013）的做法，在消费者效用函数中引入产品质量作为需求转换因子，旨在将技术创新、集约边际和扩展边际在一个统一的理论框架中展示出来，并研究技术创新对出口二元边际机构的优化机制。

4.2.1 基本假设

前面已经讨论过，技术创新是企业为了获取超额利润、提高竞争力的一种自主行为，既可以体现在产品质量的提升、生产效率的提高，也可体现在新产品的开发上。技术创新对企业生产的影响，主要表现为产品创新和过程创新。技术创新对企业生产的影响，主要表现为产品创新和过程创新。通过梳理主流文献，本书假设技术创新通过以下途径影响企业的行为：

第一，过程创新提高了整个行业的生产效率，降低了整个行业的边际成本。

过程创新将提升企业生产效率水平（Eaton & Kortum，2001，2002）。从企业行为上看，行业内企业加强技术创新，将导致行业内企业的边际成本分布或者生产率改变。假设技术创新前，该国的边际成本分布为 $P_1(\widetilde{a}_j < a) = G_1(a)$

$= a^{\gamma_1}$,$\gamma_1 \geq 1$,且 $0 \leq a \leq 1$。加强技术创新后,该国的边际成本分布为 $P_2(\widetilde{a}_j <$ $a) = G_2(a) = a^{\gamma_2}$,$\gamma_2 \geq 1$,且 $0 \leq a \leq 1$。通过过程创新,该行业的生产效率水平上升,边际成本下降,进而使更多的企业边际成本低于临界边际成本 $\widetilde{a}_j$,因此,$P_1(\widetilde{a}_j < a) < P_2(\widetilde{a}_j < a)$。由于 $0 \leq a \leq 1$,$G(a)$ 是产品 γ 的减函数,可得 $\gamma_1 > \gamma_2$。综上所述,该行业产品异质性逆向测度 $\gamma = \gamma(v)$ 是技术创新 v 的减函数,即 $\frac{\partial \gamma}{\partial v} < 0$。

第二,产品创新丰富了产品的种类。技术创新,特别是产品创新将开发新产品或者丰富了出口产品的种类,增加了可供出口的产品(Krugman,1979)。遵循 Meltiz(2003)模型的假定,单个企业只生产一种产品,企业产品之间各不相同。出口产品种类越丰富,意味着参与出口企业的数量越多。因此,技术创新将丰富产品的种类,导致企业数量的增加。即行业中参与出口企业的数量 $N = N(v)$ 随着技术创新的增强而增加,即 $\frac{\partial N}{\partial v} > 0$。

第三,技术创新提升了产品质量。Grossman 和 Helpman(1991a,1991b)建立质量阶梯模型(Quality Ladder Model),以垂直创新描述技术进步,认为成功的技术创新可以提升产品的质量。从整个行业层面看,加强技术创新,整个行业产品质量将得到提高。综上所述,产品质量 $\theta = \theta(v)$ 是为技术创新的函数,且技术创新强度增加,产品质量不断提升,但是产品质量的提升速度越来越慢,即 $\theta'(v) > 0$,$\theta''(v) < 0$。

4.2.2 生产和消费:引入技术创新

产品质量提高,消费者对产品的偏好将上升(Hallak & Sivadasan,2009)。

借鉴 Wei – Chih (2013)① 的做法，在消费者效用函数中引入产品质量作为需求转换因子，得到不同行业消费的上层效用函数：

$$U_j = q_0^{\mu_0} \prod_{k=1\ldots H} \left(\int_{i \in \Omega_k} \theta_{kij}(\omega) q_{kij}(\omega)^{(\sigma_k-1)/\sigma_k} d\omega \right)^{\frac{\sigma_k}{\sigma_k-1}\mu_k} \tag{4.25}$$

式中，θ_{kij}表示k行业中出口到j国的i类产品。为了表述的简洁性，以下的推导将省略表示行业的下标k。

生产者方面，出口到j国的企业的总成本为：

$$TC_{ij}(a_i) = a_i \tau_{ij} q(a_i) \theta_{ij}^\alpha + C_j \tag{4.26}$$

式中，θ_{ij}代表产品的质量，$q(a_i)$代表j国对i类产品的需求量，$0 < \alpha < 1$，C_j是出口到j国的固定成本。θ_{ij}^α表明企业的生产成本随着产品的质量的提高而增加，进一步地，由于α在$0 \sim 1$间，因此，产品总成本随着产品质量的上升不断下降，是一个递减的过程。

4.2.3 均衡分析

4.2.3.1 均衡价格

与前面相同，企业要获得最大化利润，将价格确定为边际成本一定比例的加成，这是企业最优的定价策略。因此，i类产品在j国市场销售价格为：

$$p_{ij}(a_i) = \frac{\sigma_k}{\sigma_k - 1} a_i \tau_{ij} \theta_{ij}^\alpha \tag{4.27}$$

同时，在j国市场进行销售的企业的总成本为：

$$TC_{ij}^k(a_i) = a_i q(a_i) \tau_j \theta^\alpha + C_j \tag{4.28}$$

4.2.3.2 总需求

j国对行业k的产品i的需求量为：

---

① Wei – Chih (2013) 在消费者效用函数中引入产品质量作为需求转换因子，与本书不同之处在于他使用的效用函数是离散形式的，无法完成本书后续的机制分析。

$$q_{ij}(a_i) = \theta_{ij}^{\sigma-1} \frac{[p_{ij}(a_i)]^{-\sigma}}{P_j^{1-\sigma}} E_j \tag{4.29}$$

因此,本国行业 k 出口产品 i 到 j 国的总的出口额为:

$$x_{ij}(a_i) = p_{ij}(a_i) q_{ij}(a_i) = \left(\frac{p_{ij}(a_i)}{\theta_{ij} P_j}\right)^{1-\sigma} E_j \tag{4.30}$$

其中,$P_j = \left(\int [p_{ij}(\omega)/\theta_{ij}(\omega)]^{1-\sigma} d\omega\right)^{\frac{1}{1-\sigma}}$

4.2.3.3 厂商利润

将前面的价格以及需求函数代入,可以得到企业的利润函数:

$$\pi_{ij}(a_i) = x_{ij}^k(a_i) - TC_{ij} = \frac{1}{\sigma^k} x_{ij}(a_i) - C_j = \frac{1}{\sigma}\left[\left(\frac{p_{ij}(a_i)}{\theta_{ij}(a_i) P_j}\right)\right]^{1-\sigma} E_j - C_j$$

$$= \frac{1}{\sigma}\left[\frac{\sigma}{\sigma-1} \frac{a_i \theta_{ij}^{\alpha-1} \tau_j}{P_j}\right]^{1-\sigma} E_j - C_j \tag{4.31}$$

边际成本低于门槛值的企业可以出口,而边际成本高于门槛值的企业由于亏损,将退出出口市场。ZCP 条件对应边际成本门槛值 $\widetilde{a}_j$(Threshold Value),则企业出口到国外市场的最高边际成本为:

$$\widetilde{a}_j = \frac{\sigma-1}{\sigma} \frac{\theta^{1-\alpha} P_j}{\tau_j} \left(\frac{\sigma C_j}{E_j}\right)^{1/(1-\sigma)} \tag{4.32}$$

$$\widetilde{a}_j = \frac{\lambda_j}{\tau_j} \left(\frac{1}{\sigma C_j}\right)^{1/\sigma-1} \tag{4.33}$$

式中,$\lambda_j = \frac{\sigma-1}{\sigma} \theta^{1-\alpha} (E_j)^{1/(1-\sigma)} P_j$

4.2.3.4 出口企业的数量以及出口总额

出口企业的数量:

$$N_j = \int_0^{\widetilde{a}_j} NG(a) da = N \widetilde{a}_j^\lambda = N\left[\frac{\lambda_j}{\tau_j}\left(\frac{1}{\sigma C_j}\right)^{1/\sigma-1}\right]^\gamma = N \lambda_j^\gamma \left(\frac{1}{\sigma C_j}\right)^{\gamma/\sigma-1} \tau_j^{-\gamma}$$

$$\tag{4.34}$$

以及出口总额为：

$$M_j = \int_0^{\tilde{a}_j} Nx_{ij}(a_i)G(a)da = \int_0^{\tilde{a}_j} Np_{ij}(a_i)q_{ij}(a_i)G(a)da$$

$$= NE_j P_j^{\sigma-1} \tau_j^{1-\sigma} \left(\frac{\sigma}{\sigma-1}\right)^{1-\sigma} \theta_{ij}^{(\sigma-1)(1-\alpha)} \left(\frac{\gamma}{\gamma-\sigma+1}\right) (\tilde{a}_j)^{\gamma-\sigma+1} \quad (4.35)$$

令 $\Theta = NE_j P_j^{\sigma-1} \tau_j^{1-\sigma} \left(\frac{\sigma}{\sigma-1}\right)^{1-\sigma} \theta_{ij}^{(\sigma-1)(1-\alpha)}$ （4.36）

则 $M_j = \Theta\left(\frac{\gamma}{\gamma-\sigma+1}\right)(\tilde{a}_j)^{\gamma-\sigma+1}$ （4.37）

4.2.4 技术创新与出口的扩展边际

我们对边际成本门槛值 $\tilde{a}_j$ 求有关研发创新投入 v 的偏导数，可以得出研发创新投入 v 对边际成本门槛值 $\tilde{a}_j$ 的影响。

$$\frac{\partial \tilde{a}_j}{\partial \theta} = (1-\alpha)\frac{\sigma-1}{\sigma}\frac{\theta^{-\alpha}P_j}{\tau_j}\left(\frac{\sigma C_j}{E_j}\right)^{1/1-\sigma} + \frac{\sigma-1}{\sigma}\frac{\theta^{1-\alpha}}{\tau_j}\left(\frac{\sigma C_j}{E_j}\right)^{1/1-\sigma}\frac{\partial P_j}{\partial \theta} \quad (4.38)$$

由上文可知，$0 < \alpha < 1$，因此等式右端第一项符号为正。产品质量的提升将增加产品的需求，同时提升产品的单价以及出口的数量（Hummel & Kelnow, 2005）。产品质量上升，在 j 国市场的价格水平 P_j 应随着上升，即 $\frac{\partial P_j}{\partial \theta} > 0$。因此，式右端第二项的符号为正。

所以，

$$\frac{\partial \tilde{a}_j}{\partial \theta} = (1-\alpha)\frac{\sigma-1}{\sigma}\frac{\theta^{-\alpha}P_j}{\tau_j}\left(\frac{\sigma C_j}{E_j}\right)^{1/1-\sigma} + \frac{\sigma-1}{\sigma}\frac{\theta^{1-\alpha}}{\tau_j}\left(\frac{\sigma C_j}{E_j}\right)^{1/1-\sigma}\frac{\partial P_j}{\partial \theta} > 0 \quad (4.39)$$

根据前面讨论，技术创新强度的加大将提升产品的质量，$\theta'(v) > 0$。因此，根据链式法则有：

$$\frac{\partial \tilde{a}_j}{\partial v} = \frac{\partial \tilde{a}_j}{\partial \theta}\theta'(v) > 0 \quad (4.40)$$

当企业的边际成本 a_j 高于出口临界边际成本 $\tilde{a}_j$ 时,企业无法进入 j 国的市场。式(4.40)意味着企业技术创新力度越强,企业的生产效率越高或者出口边际成本越低,有助于企业或企业的产品进入出口市场。

结论1:技术创新的加强将提高企业生产率,降低企业生产的边际成本,有能力进入到出口市场的企业的数量增加,或者出口到国外市场的产品种类增加。

边际成本或者生产率约束决定了边际成本高于出口临界边际成本的企业只服务国内市场。跨国公司为主的FDI进入国内市场后,如果FDI的技术溢出效应为正,或者说FDI在行业内的技术溢出缓解了 j 行业出口的生产率约束,则FDI促进了 j 行业内企业的技术创新,促使这些企业或者产品进入出口市场。

推论1.1:FDI技术溢出为正,FDI促进了行业内企业的技术创新,提高了企业生产效率,有能力进入到出口市场的企业的数量增加,或者出口到国外市场的产品种类增加。

边际成本或者生产率约束决定了边际成本高于出口临界边际成本的企业只服务国内市场。跨国公司为主的FDI进入国内市场后,FDI的技术溢出效应为负,或者说FDI进入吞噬了行业内企业的利润空间,从而抑制了 j 行业企业的技术创新,企业产品的竞争力下降,进入出口市场的企业数量或者产品种类将减少。从而得到推论1.2。

推论1.2:FDI技术溢出为负,FDI抑制了行业内企业的技术创新,企业产品竞争力下降,有能力进入出口市场的企业的数量减少,或者出口到国外市场的产品种类减少。

4.2.5 技术创新与出口的集约边际

4.2.5.1 技术创新提升了生产效率,促进出口的增长

我们对出口总额 M_j 求有关产品异质性逆向测度 γ 的偏导数,有:

$$\frac{\partial M_j}{\partial \gamma} = \Theta\left[\frac{\gamma - \sigma + 1 - \gamma}{(\gamma - \sigma + 1)^2}\right]\bar{a}_j^{\gamma-\sigma+1} + \Theta\left(\frac{\gamma}{\gamma-\sigma+1}\right)\bar{a}_j^{\gamma-\sigma+1}\ln\bar{a}_j$$

$$= \Theta\left[\frac{1-\sigma}{(\gamma-\sigma+1)^2}\right]\bar{a}_j^{\gamma-\sigma+1} + \Theta\left(\frac{\gamma}{\gamma-\sigma+1}\right)\bar{a}_j^{\gamma-\sigma+1}\ln\bar{a}_j \qquad (4.41)$$

因为 $\sigma > 1$，则 $1 - \sigma < 0$，因此，$\Theta\left[\dfrac{1-\sigma}{(\gamma-\sigma+1)^2}\right]\bar{a}_j^{\gamma-\sigma+1} < 0$。同时，由于 $0 < \bar{a}_j < 1$，因此，$\ln\bar{a}_j < 0$。上述等式右边的第一项和第二项皆为负值，得：

$$\frac{\partial M_j}{\partial \gamma} = \Theta\left[\frac{1-\sigma}{(\gamma-\sigma+1)^2}\right]\tilde{a}_j^{\gamma-\sigma+1} + \Theta\left(\frac{\gamma}{\gamma-\sigma+1}\right)\tilde{a}_j^{\gamma-\sigma+1}\ln\tilde{a}_j < 0 \qquad (4.42)$$

依据前面讨论，产品异质性逆向测度 $\gamma = \gamma(v)$ 是研发创新投入 v 的减函数，即 $\dfrac{\partial \gamma}{\partial v} < 0$，根据链式法则，有：

$$\frac{\partial M_j}{\partial v} = \frac{\partial M_j}{\partial \gamma}\frac{\partial \gamma}{\partial v} > 0 \qquad (4.43)$$

4.2.5.2 技术创新可以创造更多新产品，促进出口的增长

我们对出口总额 M_j 求有关企业数量 N 的偏导数，有：

$$\frac{\partial M_j}{\partial N} = E_j P_j^{\sigma-1}\tau_j^{1-\sigma}\left(\frac{\sigma}{\sigma-1}\right)^{1-\sigma}\theta_{ij}^{(\sigma-1)(1-\alpha)}\left(\frac{\gamma}{\gamma-\sigma+1}\right)(\tilde{a}_j)^{\gamma-\sigma+1} \qquad (4.44)$$

由于各项皆大于 0，因此 $\dfrac{\partial M_j}{\partial N} > 0$ \qquad (4.45)

依据前面讨论，行业中企业的数量 $N = N(v)$ 是技术创新的增函数，即 $\dfrac{\partial N}{\partial v} > 0$。

4.2.5.3 技术创新可以提升产品的质量，促进出口的增长

$$\frac{\partial M_j}{\partial \theta} = (\sigma-1)(1-\alpha)NE_j P_j^{\sigma-1}\tau_j^{1-\sigma}\left(\frac{\sigma}{\sigma-1}\right)^{1-\sigma}\theta_{ij}^{(\sigma-1)(1-\alpha)-1}\left(\frac{\gamma}{\gamma-\sigma+1}\right)(\tilde{a}_j)^{\gamma-\sigma+1}$$

$$(4.46)$$

因为 $0<\alpha<1$，且 $\sigma>1$，因此 $\frac{\partial M_j}{\partial \theta}>0$ (4.47)

依据前面讨论，产品质量 $\theta=\theta(v)$ 是技术创新的函数，且技术创新强度增加，产品质量不断提升，即 $\theta'(v)>0$。根据链式法则，有：

$$\frac{\partial M_j}{\partial v}=\frac{\partial M_j}{\partial \theta} \cdot \theta'(v)>0 \tag{4.48}$$

从式（4.43）、式（4.45）和式（4.48）可知，技术创新除了提升企业的生产效率外，还可以创造更多新产品，提升产品的质量，进而提高企业的平均出口量。过程创新可以提升生产效率，也可以提升产品的质量，而产品创新可以创造更多的产品，进而促进出口的增长。总而言之，技术创新有助于提升出口的集约边际。

结论2：技术创新的加强，将促进企业的平均出口量，或者已出口到国外市场产品的出口量增加。

边际成本或者生产率约束决定了边际成本高于出口临界边际成本的企业只服务国内市场。跨国公司为主的FDI进入国内市场后，如果FDI的技术溢出效应为正，或者说FDI在行业内的技术溢出缓解了j行业出口的生产率约束，则FDI促进了j行业内企业的技术创新，促使企业的平均出口量，或者已出口到国外市场产品的出口量增加。因此，我们可以得到推论2.1。

推论2.1：FDI技术溢出为正，FDI促进了企业的技术创新，降低了企业的边际成本，促使企业的平均出口量或已出口到国外市场产品的出口量增加。

边际成本或者生产率约束决定了边际成本高于出口临界边际成本的企业只服务国内市场。跨国公司为主的FDI进入国内市场后，FDI的技术溢出效应为负，或者说FDI进入吞噬了行业内企业的利润空间，从而抑制了j行业企业的技术创新，企业产品的竞争力下降，企业的平均出口量或者已出口到国外市场产品的出口量减少。因此，我们可以得到推论2.2。

推论2.2：FDI技术溢出为负，FDI抑制了行业内企业的技术创新，企业产品竞争力下降，促使企业的平均出口量或已出口到国外市场产品的出口量减少。

综上所述，企业进入国外市场要克服一定的门槛。新新贸易理论指出，企业的生产率千差万别，是否能够进入国际市场，关键在于是否越过这个由生产率临界值决定的门槛。边际成本或者生产率约束决定了边际成本高于出口临界成本的企业只服务国内市场。技术创新可以提升企业的生产率，促使出口的扩展边际以及集约边际上升。FDI是影响本土企业技术创新的重要因素。跨国公司为主的FDI进入国内市场后，在行业内的技术溢出有可能缓解了企业出口的生产率约束，进而促进集约边际或者扩展边际；但是，也有可能噬了行业内企业的利润空间，从而抑制了企业的技术创新，企业产品的竞争力下降，抑制了集约边际或者扩展边际。

前人虽然对技术创新有了诸多研究，但是在不同的理论框架下分别研究技术创新对出口的集约边际和扩展边际的影响机制。本书在统一的理论框架下进一步研究了技术创新优化出口二元边际结构的机制，同时指出FDI技术溢出对于出口二元边际的积极影响。因此，加强技术创新，不但有利于促进制造业出口增长，而且有利于增强制造业出口增长的质量、稳定性以及可持续性。

4.3　本章小结

尽管已经有足够的证据可以证明：一方面，技术创新使企业可以为市场提供更多的新产品或者向国外市场出口更多类别的产品类别，这类文献强调技术创新的作用是提升贸易增长的扩展边际；另一方面，技术创新使企业提高产品

第4章 技术创新与制造业的出口二元边际：影响机制和理论分析

的质量或者提升生产率，这类文献强调创新将转变出口国的贸易比较优势，提升出口的集约边际。这两类文献在不同的框架下分别讨论技术创新影响集约边际和扩展边际的机制。本章的贡献在于在 Chaney（2008）的异质性贸易引力模型的理论框架上，引入技术创新变量，将技术创新、集约边际和扩展边际在一个统一的理论框架中展示出来，并研究技术创新对出口二元边际结构的优化机制。同时指出 FDI 技术溢出对于出口二元边际的积极影响。因此，加强技术创新，不但有利于促进制造业出口增长，而且有利于增强制造业出口增长的质量、稳定性以及可持续性。

第5章 技术创新与中国制造业的出口二元边际：产品层面

金融危机导致中国制造业出口增速在2008~2009年大幅度缩减，跌幅高达16%。而此前中国制造业出口在2000年以来年均增长22%，从巅峰到深渊，短短只有一年时间。这充分暴露了中国制造业出口增长面对宏观经济冲击时的脆弱性。回溯历史可以发现，在宏观经济冲击发生时，中国制造业出口都会出现剧烈的波动。东南亚金融危机后，中国制造业从1997年23.14%的出口增速跌至1998年的2.31%。美国"9·11"恐怖袭击事件后，中国制造业从2000年28.9%的出口增速跌至1998年的7.26%。可见，中国制造业出口增长容易受到宏观经济冲击的影响。但这也为研究中国制造业出口的微观结构提供了难得的"自然实验"机会。通过深入研究中国制造业出口的产品种类、产品数量和出口市场的变化，寻找降低贸易增长波动原因以及探索优化贸易结构途径，从而为改善我国贸易条件、转变贸易增长方式提供有力的分析基础。

金融危机爆发以来，首当其冲的是以金融服务业为主的虚拟经济，然后逐步传递到实体经济。制造业属于实体经济，抵抗宏观经济冲击、吸收就业能力相对较强。各国政府从金融危机认识到，一国的经济如果缺乏坚实的制造业基础，过于依赖服务业和金融业，在面对宏观经济冲击时将极易崩溃。因此，许多国家制定了制造业重振战略。美国推动"再工业化",以发展高端制造业来创业就业,拉动经济增长。德国推出"工业4.0"战略,日本大力发展机器人产业革命,巴西提出工业强国计划,印度推出"印度制造"(Made in India)战略,中国提出《中国制造2025》行动纲领。世界各国纷纷抢占制造业新一轮竞争制高点,制造业将成为决定国家经济竞争力的关键所在。

全球经济形势的恶化对中国制造业出口提出三大挑战。

首先,贸易保护主义重新抬头。跨太平洋伙伴关系协议(TPP)的进程严重扭曲了世界贸易自由化准则,在协议中刻意加入在政治、劳工和环保等一系列中国目前无法满足的条件,以贸易自由化名义构建新型贸易壁垒,在长期中遏制中国的出口贸易。

其次,中国制造业出口将面临激烈的市场竞争。巴西、印度和越南等许多发展中国家注意到参与国际分工带来的经济发展机遇,积极嵌入全球价值链,以出口带动本国经济发展,出口竞争力不断上升。除此之外,各国货币争相贬值,中国制造业出口的比较优势不断缩小,贸易条件持续恶化。

最后,发达国家高端技术封锁与中国的后发劣势。发达国家为了保持垄断优势,控制核心的工艺、技术和设计,封锁高端技术对中国的转让。中国企业在引进、模仿、消化、吸收国外技术基础上进行自主创新,避免了许多弯路,这是后发优势。但这也可能形成了"路径依赖",转变为中国的后发劣势。转型期的中国随着劳动力的不断减少、工资总体水平不断上升,逐渐失去产品低成本的比较竞争优势。如何提升出口竞争力、寻找新的比较优势市场均衡成为"中国制造"面临的一大难题。

一方面,凯恩斯经济学认为,需求不足是市场经济的常态,国际经济形势的恶化、国内需求疲软导致需求调控政策难以满足经济、贸易持续增长的需要;另一方面,新古典经济增长的分析框架是供给导向的,即认为经济的增长依赖于要素的不断投入以及要素组合方式的不断优化(生产率的提升、制度体系的优化)。在制度体系和要素禀赋给定的前提下，生产率的差异成为比较优势的源泉。因此，有必要从供给侧重新审视技术创新在促进制造业出口二元边际上的作用。

从新新贸易理论的角度看，中国制造业出口保持高增速的关键在于生产效率的提高，是所谓的后发优势。通过以"市场换技术"，大规模从国外引进技术，通过FDI的"示范效应"和"人才流动效应"，使本土企业生产率快速提升。FDI促进了企业的技术创新，缓解了行业中企业技术创新不足的约束，提升了企业生产率，降低了企业的边际成本，使有能力进入出口市场的企业数量增加，或者出口到国外市场的产品种类增加。另外，FDI引发东道国的市场竞争加剧，FDI利用技术垄断优势吞噬了东道国企业的利润空间，打击了东道国企业的创新积极性，从而抑制了东道国企业的技术创新，使企业产品的竞争力下降，进入出口市场的企业数量将减少。那么FDI究竟是抑制了还是促进了我国的技术创新呢？这点有待考察。

本章主要解答四大问题：

第一，技术创新如何影响中国制造业出口的二元边际？

第二，FDI是否促进了我国的技术创新，如何影响我国制造业出口的可能性，又如何影响我国制造业的出口量？

第三，FDI在较长时期内是如何影响我国制造业出口的二元边际的？

第四，宏观经济冲击是如何影响我国的出口二元边际的？"产品多元化"和"地区多样化"在我国制造业面临宏观经济冲击时是否起缓冲器的作用呢？技术创新是否可以减弱外部的负面冲击对出口二元边际的影响？

5.1 模型设定

参照 Anderson 和 Wincoop（2003），Bernard 等（2007）的做法，双边的出口总额 M_j 可以分解为两部分：一部分是行业的平均出口量($\overline{m}_j$)，即集约边际 (IM)；另一部分是出口企业的数量(N_j)，即扩展边际(EM)。可得，

$$M_j = EM \cdot IM = N_j \cdot \overline{m}_j \tag{5.1}$$

由第 3 章推导出来的 i 类产品对 j 国的出口企业数量以及单个企业平均出口量如下式所示：

$$M_j = N E_j P_j^{\sigma-1} \tau_j^{1-\sigma} \left(\frac{\sigma}{\sigma-1}\right)^{1-\sigma} \theta_{ij}^{(\sigma-1)(1-\alpha)} \left(\frac{\gamma}{\gamma-\sigma+1}\right) (\widetilde{a}_j)^{\gamma-\sigma+1}$$

$$N_j = N \lambda_j^\gamma \left(\frac{1}{\sigma C_j}\right)^{\gamma/\sigma-1} \tau_j^{-\gamma}$$

式中，$\lambda_j = \frac{\sigma-1}{\sigma} \theta^{1-\alpha} (E_j)^{1/(1-\sigma)} P_j$

因此，

$$\overline{m}_j = \frac{M_j}{N_j} = (E_j)^{\left(1-\frac{\gamma}{1-\sigma}\right)} P_j^{\sigma-1-\gamma} \left(\frac{\sigma}{\sigma-1}\right)^{(1-\sigma+\gamma)} \theta^{(\sigma-1)(1-\alpha)-\gamma(1-\alpha)} \left(\frac{1}{\sigma C_j}\right)^{\frac{-\gamma}{\sigma-1}} (\widetilde{a})^{\gamma-\sigma+1}$$

$$\tau_j^{1-\sigma} \tag{5.2}$$

由式（5.2）可知，集约边际受到进口国的市场价格水平、贸易成本、出口国的技术创新强度、进口国经济规模、出口国的经济规模、企业生产率水平和固定成本决定的边际成本($\widetilde{a}$) 等的影响。比较集约边际和扩展边际公式可知，贸易的扩展边际(EM)和集约边际(IM)影响因素的差异主要体现在出口国的企业的数量上。这意味着在设立计量基准模型时，两者的因变量几乎保持

一致。

分别对 $\bar{m}_j$ 和 N_j 两边求导，可得：

$$\ln N_j = \ln N + \frac{\gamma}{1-\sigma}\ln(E_j) + \gamma\ln P_j - \gamma\ln\tau_j - \frac{\gamma}{(\sigma-1)}\ln(\sigma C_j) +$$

$$\gamma(1-\alpha)\ln\theta + \gamma\ln\left(\frac{\sigma-1}{\sigma}\right) \tag{5.3}$$

$$\ln\bar{m}_j = \left(1 - \frac{\lambda}{1-\sigma}\right)\ln(E_j) + (\sigma-1-\gamma)\ln P_j - (1-\sigma)\ln\tau_j - \frac{\gamma}{(\sigma-1)}\ln(\sigma C_j) +$$

$$[(\sigma-1)(1-\alpha) - \gamma(1-\alpha)]\ln\theta + \frac{\gamma}{\sigma-1}\ln(\sigma C_j) + (1-\sigma+\gamma)\ln\left(\frac{\sigma}{\sigma-1}\right) \tag{5.4}$$

进一步地，将上述两个方程简化，得到实证研究的基准模型（Benchmark Mode）：

$$\ln trade_{it} = \beta_0 + \beta_1\ln(\text{GDP}_{it}) + \beta_2\ln(INNO_{it}) + \beta_3\ln DIST_{it} + \beta_4\ln CV_{it} + \varepsilon_{it} \tag{5.5}$$

式中，$trade_{it}$ 代表三个被解释变量，分别为 i 行业出口的集约边际（Extensive）和出口的扩展边际（Intensive）。GDP_{it} 为进口国对 i 行业的市场需求，$INNO_{it}$ 为出口国 i 行业的技术创新强度，$DIST_{it}$ 是出口国 i 行业的可变贸易成本，CV_{it} 为其他控制变量，β_j 为待估参数，ε_{it} 为随机干扰项。

5.2 变量选取和数据说明

对上面设定的计量模型的技术进行估计，需要确定出口的集约边际、出口的扩展边际、可变贸易成本、宏观经济冲击等其他解释变量。

第5章 技术创新与中国制造业的出口二元边际：产品层面

5.2.1 二元边际

本书利用中国制造业2002~2013年的微观贸易数据进行测算，数据来自联合国商品贸易统计数据库（UN Commodity Trade Statistics Database，UN Comtrade），UN Comtrade提供HS（2002）六个数位编码从020110到961220的贸易数据，样本集合最多包含了中国213个贸易伙伴和4424种制造业的出口产品。我国常用的作为行业分类标准是《国民经济行业分类（GB/T 4754—2002）》。为了将HS（2002）编码的商品与我国国民经济行业分类对应，参照陈磊（2012）的做法，首先将国际标准行业分类四位码（ISIC Rev2）进行转换，转换标准由UN Comtrade数据库提供；然后将ISIC四位码对应到我国国民经济分类的制造业细分产业（两位码）中。这里首先计算以HS（2002）编码的各种产品的出口的二元边际，然后根据式（5.3）和式（5.4）进行分行业汇总，从而得到2002~2013年跨度为12年的制造业28个细分行业①的出口的二元边际数据，面板数据样本总量为336个。

5.2.2 技术创新（$INNOV_{it}$）

日益严格的知识产权制度随着科学研究成果私有化的进程（Nelson，2004），使技术创新在决定企业、行业甚至是国家的结构定位和经济增长优势

---

① 其中制造业覆盖28个细分行业。其中包括农副食品加工业（13），食品制造业（14），饮料制造业（15），烟草制品业（16），纺织业（17），纺织服装、鞋、帽制造业（18），皮革、毛皮、羽毛（绒）及其制品业（19），木材加工及木、竹、藤、棕、草制品业（20），家具制造业（21），造纸及纸制品业（22），印刷业和记录媒介的复制（23），文教体育用品制造业（24），石油加工、炼焦及核燃料加工业（25），化学原料及化学制品制造业（26），医药制造业（27），化学纤维制造业（28），塑料制品业（30），非金属矿物制品业（31），黑色金属冶炼及压延加工业（32），有色金属冶炼及压延加工业（33），金属制品业（34），通用设备制造业（35），专用设备制造业（36），交通运输设备制造业（37），电气机械及器材制造业（39），通信设备、计算机及其他电子设备制造业（40），仪器仪表及文化、办公用机械制造业（41），工艺品及其他制造业（42）。其中由于数据不全剔除了橡胶制品业。

上起举足轻重的作用（Furman，2002）。在本节中，行业层面的技术创新是本书重要的解释变量。

衡量技术创新强度既可以从投入角度，也可以从产出角度来考虑。从产出角度的技术创新可以通过专利数量来衡量；从投入角度可以通过 R&D 支出衡量。虽然专利数量和研发支出都可以用于衡量技术创新强度，但两者之间还是有着细微的差别。首先，研发投入和专利数量分别是技术创新的投入和产出。在贸易理论中，对贸易出口的影响，专利数量更加直接。其次，相对研发投入而言，专利的应用时间更接近于技术创新时间。

但是，考虑到出口与技术创新的内生性问题，一般的解决方法是将技术创新变量滞后一期作为解释变量进入计量模型①。研发投入相对于专利数量而言，具有滞后性以及间接性的缺点，但在这里引入模型恰好解决了出口与技术创新的内生性问题。因此，这里衡量技术创新强度用行业 R&D 的经费支出与行业产品销售收入之比来表示。同时，它也是研究技术创新时最经常使用的指标。另外，在内生性问题检验中，本章以行业的专利数量来衡量技术创新强度。

5.2.3 进口国市场需求（GDP_{it}）

本节中的进口国市场需求是指所有贸易伙伴对中国 i 行业产品的需求。借鉴杨媛（2014）的做法，设定以除中国以外的世界出口与中国出口的比例调节中国各行业的总产出，即所有贸易伙伴对中国各行业产品的需求为 GDP_{it}：

$$GDP_{it} = GDP_{cit} \cdot \frac{export_{wt}}{export_{kt}} \tag{5.6}$$

---

① AM Santacreu. Innovation, Diffusion, and Trade: Theory and measurement [J]. Ssrn Electronic Journal, 2011, 75: 1 - 20.

式中，GDP_{cit}表示中国i行业在t年的增加值，$export_{wt}$表示除中国以外的世界各国i行业在t年的总出口额，$export_{kt}$表示中国在t年的总出口额。数据来自UN Comtrade数据库。

5.2.4 贸易成本（DIST）

出口国与进口国的空间距离越远，从冰山型运输成本考虑，贸易成本将越高。Kancs（2007）和Helpman等（2008）使用贸易双方首都之间的距离来衡量可变贸易成本。Mayer（2008）建议使用国家之间的人口加权距离，即对国家之间的距离进行人口比重的加权，这样可以站在规模经济的角度考虑贸易成本，更接近现实。数据来自法国国际信息和展望研究中心（CEPII）数据库。

但是，本书的解释变量和被解释变量都是基于多边贸易下细分行业的情况，而人口加权距离只适用于双边贸易，因此，本节以中国i行业对所有贸易伙伴出口额与中国i行业对全世界各国i行业产品的出口总额比例调节人口加权距离来衡量贸易成本，即

$$DIST_{it} = \sum \left(\frac{export_{ijt}}{export_{it}} \cdot distw_j \right) \tag{5.7}$$

式中，$distw_j$代表中国i行业出口到j国的可变贸易成本。中国i行业对所有贸易伙伴出口额与中国i行业对全世界各国i行业产品的出口总额比例隐含了中国i行业产品出口的固定成本，即中国i行业产品出口额占全世界i行业出口总额的比重越大，固定贸易成本越高。如此，$DIST_{it}$表示中国i行业产品出口到所有贸易伙伴的综合贸易成本，既考虑了可变贸易成本，又考虑了固定贸易成本。$export_{ijt}$表示中国i行业对j国在t年的出口额；$export_{it}$表示中国i行业对所有贸易伙伴在t年的出口额。$export_{ijt}$及$export_{it}$数据都取自UN Comtrade数据库。

5.2.5 外商直接投资（FDI）

本国技术创新和 FDI 技术溢出是发展中国家技术进步的主要原因（Grossman & Helpman，1991）。FDI_{it} 为制造业细分行业的外商直接投资强度。外商直接投资强度等于细分行业外商直接投资企业工业增加值占该细分行业工业增加值的比例。细分行业的外商直接投资企业工业总产值以及细分行业工业总产值数据来自 2003~2014 年《中国工业经济统计年鉴》。本章中，FDI 是核心解释变量。本节考察 FDI 对本土行业技术创新的影响，即 FDI 的 MAR 技术溢出效应是否存在，是促进还是抑制？此外，还将考察 FDI 对出口的二元边际的影响，是促进还是抑制，主要影响了集约边际还是扩展边际，在下文中将一一展开讨论。

5.3 计量结果及分析

5.3.1 基准模型的回归结果

研究样本覆盖 28 个行业，时间跨度为 12 年，属于短面板。

首先，考虑使用混合回归（Pooled OLS）进行估计。混合回归模型假定解释变量和被解释变量之间的关系不随横截面或时间变化而变化，这意味着解释变量和被解释变量之间的回归系数（截距项和斜率项）是常数。混合估计系数相当于是不同时间的样本回归系数的加权平均，权重与特定参数向量的方差—协方差矩阵成反比，这样就忽略了时间变量，认为解释变量和被解释变量的关系在不同时间上是相同的。

从理论上看，首先，制造业细分行业之间存在明显的个体差异，不适用于混合回归模型，不过是否适用混合回归模型，还需要用 Chow Test 进行判断。采用 OLS 对混合数据进行估计。对扩展边际的计量模型，F_1（27，304）= 59.77，Prob > F = 0.000；对集约边际的计量模型，F_2（27，304）= 50.53，Prob > F = 0.000，因此都拒绝原假设，即每个个体拥有自己的截距项，或者说个体固定效应模型优于混合回归模型。

其次，考虑使用个体固定效应模型还是随机效应模型。假设个体间存在显著差异，但对于个体而言，组内不存在时间序列上的显著差异。即模型设置为：

$$y_{it} = x'_{it}\beta + z'_i\delta + \varepsilon_{it} + u_i (i=1, 2, 3, \cdots, n; t=1, 2, 3, \cdots, T) \quad (5.8)$$

式中，x_{it} 是解释变量在不同行业、不同时间上的变化；z_i 不随时间变化而变化，反映行业的特征，ε_{it} 和 u_i 共同组成扰动项，u_i 代表行业的差异。如果误差项与解释变量有关，则为固定效应；如果误差项与解释变量无关，那就是随机效应。

对扩展边际和集约边际的计量模型分别进行 Hausman 检验。对扩展边际的计量模型，Chi2 = 57.63，Prob > Chi2 = 0.000；对集约边际的计量模型，Chi2 = 53.71，Prob > Chi2 = 0.000。由于 P 值为 0.000，故强烈拒绝原假设，认为固定效应模型优于随机效应模型。

最后，基于 2002~2013 年制造业 28 个细分行业的面板数据，采用固定效应模型，对基准模型的估计结果如表 5.1 所示。

核心解释变量是技术创新水平，ln（INNOV）系数为正，且通过 1% 的显著性水平检验，说明技术创新对扩展边际和集约边际有显著的正向影响。技术创新每增加 10%，扩展边际将增加 2.03%。说明技术创新将丰富出口产品的种类，以及占据更大的国外市场份额，这与 Krugman（1979），Dollar（1986），Grossman 和 Helpman（1989），钱学锋（2010）的结论一致。

表5.1 基准模型的估计结果

解释变量	被解释变量	
	ln(extensive)	ln(intensive)
ln(INNOV)	0.203***	0.357***
	(0.041)	(0.045)
ln(GDP)	0.965***	0.718***
	(0.21)	(0.22)
ln(DIST)	-0.364***	-0.251*
	(0.143)	(0.145)
ln(FDI)	0.378***	0.315**
	(0.15)	(0.15)
常数项	-16.28***	-15.29***
	(1.49)	(2.05)
Prob > F	0.00	0.00
样本量	336	336
行业数	28	28

注：①括号中报告的是聚类稳健的标准差（Cluster - Robust Standard Error）；②＊＊＊、＊＊、＊分别代表估计系数通过1%、5%和10%的显著性水平检验。

另外，技术创新每增加10%，集约边际将增加3.58%。技术创新通过提升产品质量或者提升生产率、降低边际成本，提高出口国的比较竞争优势，有效推动集约边际增长，这与Flam和Helpman（1987）、Grossman和Helpman（1991a）、Eaton和Kortum（2001，2002）的结论相符。本书第3章在统一的理论框架下探讨了技术创新对出口二元边际的影响机制，得出了结论1和结论2。从前文的实证结果看，理论推导的结论1和结论2得证。

技术创新对集约边际的影响（0.357）明显比对扩展边际的影响（0.203）大。这表明在样本期内，技术创新对我国制造业出口的影响主要体现在集约边际上。前面已经讨论过，集约边际的扩张对出口国的福利效应取决于其驱动因素（Driving Force）。如果集约边际的扩张得益于产品质量的提高，因为产品质量上升将刺激市场需求，从而使产品价格以及出口总额同时增加，那么这将提升出口国的总体福利。如果集约边际的扩张是由产品成本下降驱动的，因为产品成本下降虽然提升了出口总额，但降低了产品的价格，那么这将降低出口国的总体福利，恶化贸易条件（The Worse of Term of Trade）。易靖韬等（2013）在一个统一的分析框架中，分别使用质量修正的 Armington（1969）模型，Krugman（1980，1981）模型以及 Flam 等（1987）质量差异模型研究了中国 2000~2005 年 HS-8 位海关数据，发现通过质量指数的上升对扩展边际影响为正，同时对集约边际影响为负。本书的检验结果，结合易靖韬等（2013）的实证结果可知：虽然技术创新对中国制造业出口的集约边际有促进作用，但并不是由技术创新提高产品质量引起的，而是由降低产品生产成本决定的，这必然导致贸易条件恶化。

在所有影响因素中，进口市场的需求对我国出口影响最大。进口市场的需求每上升10%，扩展边际将相应提升9.65%，集约边际提高7.18%。国外需求扩张对出口的提升作用，除了在原有贸易产品的增长以及原有贸易伙伴关系的深化上，更主要的是在出口产品多样性丰富以及出口市场数量增加上。这点符合理论预期，与经典引力模型的结论一致，即贸易流量与经济规模正相关。实质上，在全球一体化的大背景下，需求扩张在乘数效应的作用下，必然会对中国的制造业出口产生巨大的影响。但乘数是把"双刃剑"，在当前全球经济增长放缓的背景下，二元边际中受影响最大的是扩展边际，然后是集约边际，总体来说，中国制造业出口增长不可避免将放缓。

此外，贸易成本越高，出口的集约边际和出口的扩展边际都将降低。综合贸易成本每上升10%，扩展边际下降3.64%，集约边际下降2.51%。贸易成本增加对扩展边际的影响要大于对集约边际的影响。这可能是对已经出口的老产品而言，与原来的进口国成为稳定的贸易伙伴关系，因此对贸易成本提升相对新产品而言没有那么敏感。而对尚未出口的新产品而言,贸易成本上升无疑使新产品面临更高的进入障碍。此处表明,可变贸易成本增加,出口二元边际都将减少,与 Amurgo - Pacheco(2008),Martina(2008)的结论一致。

美国推动的 TPP 进程,实质上就是对中国构建新型的贸易壁垒。它不仅致力于降低甚至取消商品关税,还聚焦成员国市场监管体系和竞争政策。TPP 设置的贸易标准较高,特别是在环境保护、知识产权保护、劳工标准、国企市场待遇等方面,均比现有普通投资贸易协议要求严格。中国在短期无法满足这些条件下,使"中国制造"的产品无法享受零关税优惠,从而推高中国制造企业的贸易成本,这也必将对中国制造业出口的二元边际产生深远的影响。

外商直接投资(FDI)对出口扩展边际和集约边际的影响系数皆为正,通过显著性检验。说明行业的外商直接投资强度越大,出口的集约边际和扩展边际都将提高。并且行业外商直接投资强度每上升10%,出口扩展边际上升3.78%,出口集约边际上升3.15%。行业的外商直接投资对出口的影响,主要体现在扩展边际上。另外,与技术创新[ln(INNOV)]变量的系数相比,FDI 的系数更大,说明:一方面,中国自 2002 年以来,制造业出口的快速增长很大程度得益于外商直接投资,尤其是国外技术的引进,显示出巨大的后发优势;另一方面,中国嵌入全球价值链对制造业的扩展边际有巨大的影响,出口产品种类更加丰富,占据更大的国外市场份额,为我国出口增长做出了巨大的贡献。

5.3.2 技术创新、FDI 技术溢出与出口二元边际

基准模型隐含的一个假设是,技术创新对出口的影响对所有的行业而言是一样的。行业的技术创新水平不仅取决于企业自身的技术研发投入,还取决于整个行业范围内 FDI 的技术溢出(Spillover)。FDI 不但会带来资本,还对东道

国的技术水平起促进作用（Demirbag et al., 2007）。我们感兴趣的是，FDI 是否促进了制造业的技术创新，如何影响我国制造业出口的可能性，又如何影响我国制造业的出口量呢？外商直接投资在长期内又是如何影响我国的出口二元边际的呢？计量模型设定如下：

$$\ln trade_{it} = \beta_0 + \beta_1 \ln(GDP_{it}) + \beta_2 \ln(INNO_{it}) + \beta_3 \ln DIST + \beta_4 \ln(FDI_{it}) + \beta_5 \ln CV_{it} + \beta_6 \ln(INNO_{it}) \times \ln(FDI_{it}) + \varepsilon_{it} \quad (5.9)$$

我们关注的是系数 β_6，如果 β_6 大于 0，说明 FDI 技术溢出效应为正，FDI 缓解了行业技术创新不足的约束，对行业产品出口的可能性以及产品的出口量有促进作用。如果 β_6 小于 0，说明 FDI 对行业技术创新起替代或抑制作用，降低了产品的出口竞争力，对行业产品出口的可能性以及产品的出口量起抑制作用。

从表 5.2 看出，技术创新与外商直接投资的交叉项系数 β_6 通过显著性检验，且皆为正，说明外商直接投资在制造业细分行业的技术溢出效应明显，东道国在吸收外资的同时引进国外技术，对整个行业的自主技术创新有促进作用。因此，外商直接投资不但直接提高了出口的二元边际，而且技术溢出效应明显，促进了行业的技术创新，进一步地，促进了细分行业出口二元边际的增长。从实证结果看，FDI 技术溢出对出口的扩展边际影响更加明显，意味着现阶段引进外商直接投资更有利于增加行业产品出口的可能性。第 3 章技术创新对出口二元边际影响机制的推论 1.1（FDI 技术溢出为正，FDI 促进了企业的技术创新，降低了企业的边际成本，使有能力进入到出口市场的企业的数量增加，或者出口到国外市场的产品种类增加）以及推论 2.1（FDI 技术溢出为正，FDI 促进了企业的技术创新，降低了企业的边际成本，从而促进企业的平均出口量或已出口到国外市场产品的出口量增加）得证。

表 5.2 技术创新、FDI 技术溢出与出口二元边际模型的估计结果

解释变量	被解释变量			
	(1)	(2)	(3)	(4)
	ln(extensive)	ln(extensive)	ln(intensive)	ln(intensive)
ln(INNOV)	0.193*** (0.040)	0.155*** (0.040)	0.342*** (0.044)	0.326*** (0.044)
ln(GDP)	0.727*** (0.21)	0.713*** (0.21)	0.568*** (0.22)	0.524*** (0.22)
ln(DIST)	-0.371*** (0.141)	-0.393*** (0.141)	-0.268* (0.145)	-0.277* (0.146)
ln(FDI)	0.378*** (0.15)	0.342*** (0.15)	0.315** (0.15)	0.295** (0.15)
ln(INNOV)×ln(FDI)		0.087*** (0.018)		0.063*** (0.019)
常数项	-14.28*** (1.79)	-13.16*** (2.49)	-13.29*** (2.35)	-12.97*** (1.96)
Prob>F	0.00	0.00	0.00	0.00
样本量	336	336	336	336
行业数	28	28	28	28

注:①括号中报告的是聚类稳健的标准差(Cluster-Robust Standard Error);②***、**、*分别代表估计系数通过1%、5%和10%的显著性水平检验。

另外,外商直接投资(FDI)对出口扩展边际和集约边际的影响系数皆为正,通过显著性检验。说明行业的外商直接投资强度越大,出口的集约边际和扩展边际都将提高。并且行业外商直接投资强度每上升10%,出口扩展边际上升3.42%,出口集约边际上升2.95%。这与黄玖立(2010)的结论相符。外商直接投资显著地提高了东道国企业的生产率水平,即使在东道国技术水平比较落后的产业,通过引进外资,引进国外成套技术或者关键技术,也可以增加行业出口的可能性。同时,通过引进国外先进技术,缩小与国外的技术差距,提高了产品的质量以及生产率水平,可以增加行业的出口数量。

但是，外商直接投资（FDI）对东道国技术创新的影响一直存在争论。Aiken 和 Harrison（1999）认为，外商直接投资可以带来母国的经验，减少东道国公司的试错成本，可以缩减母国和东道国之间的技术差距。Kim（1991）以及 Lall（1993，2001，2002）认为，FDI 虽然带来了技术溢出，但这些科技的引进对国内的研发起替代作用，导致东道国的自主研发能力有所下降。从产业组织角度看，细分行业外商直接投资份额的不断提高，会导致低效率的企业被市场淘汰，产业的集中度提高，在位的企业包括外资企业将获得较高的垄断利润，对本土企业的技术创新有抑制作用。即外资的进入对本土企业技术创新起反竞争效应。

基于外商直接投资对东道国技术创新可能存在两种截然不同的影响，有必要在一个较长的时期考察外商直接投资对出口二元边际的影响。即将外商直接投资的作用分为两个阶段：第一阶段，外商直接投资促进了本土企业的技术创新；第二阶段，随着外商直接投资不断增长以及本土企业技术创新、经验的提升，外商直接投资在强化自身垄断势力的同时，对东道国的技术创新可能表现出替代或者抑制作用，进而阻碍了东道国的出口二元边际的提升。

为了考察 FDI 在不同阶段对制造业出口二元边际的影响，我们在模型（5.9）的基础上增加 FDI 的平方项，同时删去交叉项①，形成一个非线性模型。重点观察 FDI 对制造业出口二元边际的影响是否呈倒"U"形的非线性特征，如果是倒"U"形，那么拐点在哪里？

表5.3结果表明，外商直接投资对出口二元边际的影响并不是简单的线性关系，呈倒"U"形。即在东道国技术发展的初期，通过外商直接投资引入国外成套技术或者关键技术，既提高东道国企业出口的可能性，又提高出口的数量。这个阶段，外资进入带来的更多是母国的经验，降低了东道国的试错成

---

① 如果模型增加交叉项，将无法估计倒"U"形曲线的拐点。

本，具有明显的技术溢出效应，带动了本土的技术创新，促进了东道国的出口集约边际和扩展边际。随着外商直接投资的不断增加，外资企业在制造业细分行业的市场势力不断增强，外商直接投资对本土企业的技术创新起替代或者抑制作用，从而阻碍了出口的二元边际的提升。

表 5.3　外商直接投资（FDI）与出口二元边际的非线性估计结果

解释变量	被解释变量			
	（1）	（2）	（3）	（4）
	ln（extensive）	ln（extensive）	ln（intensive）	ln（intensive）
ln（INNOV）	0.193***	0.335***	0.342***	0.587***
	（0.041）	（0.042）	（0.044）	（0.044）
ln（GDP）	0.727***	0.803***	0.568***	0.612***
	（0.21）	（0.21）	（0.22）	（0.22）
ln（DIST）	-0.371***	-0.403***	-0.268*	-0.263*
	（0.141）	（0.141）	（0.145）	（0.146）
ln（FDI）	0.378***	0.425**	0.315**	0.378*
	（0.15）	（0.15）	（0.15）	（0.15）
lnFID×lnFDI		-0.882***		-0.752***
		（0.053）		（0.053）
常数项	-14.28***	5.16	-13.29***	7.97
	（1.79）	（4.13）	（2.35）	（6.75）
倒"U"形曲线拐点		0.482		0.503
Prob > F	0.00	0.00	0.00	0.00
样本量	336	336	336	336
行业数	28	28	28	28

注：①括号中报告的是聚类稳健的标准差（Cluster – Robust Standard Error）；②***、**、*分别代表估计系数通过1%、5%和10%的显著性水平检验。

进一步地，我们计算了倒"U"形曲线拐点，发现扩展边际和集约边际的拐点分别在0.482和0.503。扩展边际拐点在0.482，说明当细分行业外商直接投资企业的销售收入占该细分行业总产值的比例超过48.2%之前,外商直接投资使中国制造业产品出口的可能性增加,出口产品的种类更加多样化;当超过这个比例时,外商直接投资抑制了出口扩展边际。同理,集约边际拐点在0.503,说明当细分行业外商直接投资企业的销售收入占该细分行业总产值的比例超过50.3%之前,外商直接投资促进我国制造业产品出口的数量上升;当超过这个比例时,外商直接投资将抑制我国制造业产品出口的数量上升。

另外,出口扩展边际的拐点比集约边际拐点来得更早,意味着外商直接投资的技术溢出效应在比例为48.2%的时候就发生了变化。可能的解释是,随着外资的积累,技术引进需要更高的成本,同时,外资企业的市场势力的不断增强,抑制了本土制造业企业的技术创新,降低了出口的扩展边际。2013年,制造业整体外商直接投资企业的工业增加值占整个制造业的工业增加值的比重大约为26.6%,仍处于倒"U"形曲线的上升通道,还没有到达倒"U"形曲线的顶端。进一步地,结合表5.2技术创新、FDI技术溢出与出口二元边际模型的估计结果,交叉项 ln(INNOV)×ln(FDI) 系数大于零且显著,可以得到这样一个结论:要促进制造业的出口,无论是沿着集约边际还是扩展边际的扩张,当前外商直接投资政策的基本方向仍然是扩大外资进入的规模和领域。这里回答了"相关问题提出"部分的第三个问题。

陈甬军等(2012)研究了制造业外资进入与市场势力波动的关系,发现外资进入对市场势力的影响呈倒"U"形的非线性关系,外资比例的拐点在0.473~0.540的区间时,FDI促进市场竞争。与之比较,这里的0.483和0.503也在这个区间范围内。

5.3.3 宏观经济冲击、技术创新与出口二元边际

宏观经济冲击(Shock)是本书最感兴趣的变量之一。Bacchetta、Jansen

和Piermartini（2007）基于1962~2004年191个国家SITC三位数产品贸易数据研究"产品多元化"和"地区多样化"在宏观经济冲击中是否起冲击稳定器（Shock Absorber）作用，发现对于低收入国家而言，产品多元化对降低宏观经济冲击引起的收入波动有重要作用，然而对收入越高的国家，产品多元化对降低宏观经济冲击引起的收入波动作用将减小，而"地区多样化"的作用将增大。

外部的宏观经济冲击对中国制造业的贸易增长产生了巨大的影响。2001~2013年，宏观经济冲击主要来自2008年爆发的美国次贷危机，次贷危机引发全球性的经济危机，影响到我国的各个出口行业，而我国东部沿海的中小制造业企业更是首当其冲，大量倒闭、破产。我们感兴趣的是，宏观经济冲击是如何影响我国的出口二元边际的呢？"产品多元化"和"地区多样化"在我国制造业面临宏观经济冲击时是否起缓冲器的作用呢？技术创新是否可以减弱外部的负面冲击对出口二元边际的影响？在此将外生冲击设置为虚拟变量。对我国制造业各细分行业，该变量2009年取值为1，其他年份取值为0。

$$SHOCK_{it} = \begin{cases} 1, & 2009 \text{ 年} \\ 0, & \text{其他年份} \end{cases} \quad (5.10)$$

计量模型设定如下：

$$\ln trade_{it} = \beta_0 + \beta_1 \ln(GDP_{it}) + \beta_2 \ln(INNO_{it}) + \beta_3 \ln DIST + \beta_4 \ln(FDI_{it}) +$$
$$\beta_5 \ln(INNO_{it}) \times SHOCK + \beta_6 \ln(FDI_{it}) \times SHOCK + \varepsilon_{it} \quad (5.11)$$

由表5.4可知，宏观经济冲击（SHOCK）对出口的扩展边际和集约边际影响存在差别。当存在外部负面冲击时，宏观经济冲击对扩展边际的影响系数为-0.286，相应地，宏观经济冲击对集约边际的影响系数为-0.405，因此，宏观经济冲击（SHOCK）对出口的扩展边际和集约边际影响都是负面的。但是相对集约边际而言，宏观经济冲击对扩展边际的影响要缓和些，或者说集约边际在宏观经济冲击下产生波动是我国制造业出口增长波动的主要原因。

第5章 技术创新与中国制造业的出口二元边际：产品层面

表5.4 宏观经济冲击、技术创新与出口二元边际模型的估计结果

解释变量	被解释变量			
	(1) ln(extensive)	(2) ln(extensive)	(3) ln(intensive)	(4) ln(intensive)
ln(INNOV)	0.197*** (0.040)	0.095*** (0.041)	0.359*** (0.044)	0.183*** (0.042)
ln(GDP)	0.875*** (0.211)	0.718*** (0.192)	0.794*** (0.220)	0.573*** (0.219)
ln(DIST)	-0.372*** (0.141)	-0.381*** (0.135)	-0.278* (0.145)	-0.271* (0.146)
ln(FDI)	0.495*** (0.151)	0.375*** (0.148)	0.427*** (0.152)	0.353** (0.150)
SHOCK	-0.321*** (0.118)	-0.286*** (0.109)	-0.457*** (0.163)	-0.405*** (0.153)
ln(INNOV)×SHOCK		0.487*** (0.017)		0.379*** (0.018)
常数项	-17.28*** (1.88)	-14.16*** (2.33)	-18.29*** (3.24)	-16.97*** (1.98)
Prob > F	0.00	0.00	0.00	0.00
观测值	336	336	336	336
行业数	28	28	28	28

注：①括号中报告的是聚类稳健的标准差（Cluster-Robust Standard Error）；②***、**、*分别代表估计系数通过1%、5%和10%的显著性水平检验。

进一步地，我们考察技术创新在宏观经济冲击下对出口的二元边际的影响。我们发现，对技术创新，在没有宏观经济冲击时，其对出口扩展边际的系数为0.095，意味着，即使发生宏观经济冲击，技术创新每增加10%，出口扩展边际依然可以增加0.95%；在宏观经济冲击发生后，其对出口扩展边际的系数为0.582（=0.095+0.487），技术创新对出口扩展边际的贡献得到加强，意味着在宏观经济冲击发生后，技术创新每增加10%，出口扩展边际可以增加5.82%。因此，宏观经济冲击发生后，虽然出口急剧下降，但技术创新可以使企业调整出口产品种类并适应外部环境的变化，在其他国家同样受到宏观经济冲击的情况下，依靠产品创新的优势迅速反弹。

另外，对技术创新，在没有宏观经济冲击时，其对出口集约边际的系数为0.183，意味着，即使发生宏观经济冲击，技术创新每增加10%，出口集约边际依然可以增加1.83%；在宏观经济冲击发生后，其对出口扩展边际的系数为0.562（0.183+0.379），技术创新对出口的集约边际贡献得到加强，意味着在宏观经济冲击发生后，技术创新每增加10%，出口扩展边际可以增加5.62%。可能的原因是，宏观经济冲击发生后，虽然出口急剧下降，但在其他国家同样受到宏观经济冲击的情况下，技术含量更高或者成本更低的产品在需求低迷的国际市场上的竞争力更加突出，从而使出口集约边际迅速反弹。

对比模型（2）和模型（5）交叉项 ln（INNOV）×SHOCK 的系数可知，对宏观经济冲击响应，技术创新促进出口扩展边际的增长（0.487）比起促进集约边际增长（0.379）更强烈。

综上所述，当中国面临诸如亚洲金融危机或者次贷危机之类宏观经济冲击时，如果中国制造业出口更多依赖于出口的扩展边际，出口就会更加稳健，而不会表现出像中国制造业在次贷危机后出口增长剧烈下降16%那么大的波动性。当冲击发生时，技术创新促进"产品多元化"和"地区多样化"，它们在我国制造业面临宏观经济冲击时起稳定器的作用，冲击发生后，技术创新的加强对促进扩展边际的扩张比集约边际扩张更迅速。这意味着，在危机发生后，加强技术创新可以提升我国制造业贸易竞争的比较优势，进而改善贸易条件，避免在下一次宏观经济冲击时，制造业出口增长产生过大的波动。这里解答了"相关问题提出"部分的第一个问题。

5.3.4 稳健性分析

从"基准模型"到"技术创新、FDI 技术溢出与出口二元边际模型"，再到"宏观经济冲击、技术创新与出口二元边际模型"，本章在基准模型的技术上不断增加解释变量,模型中技术创新、贸易成本、进口国需求等主要解释变量的系数符号及显著性水平都没有实质性的变化,说明模型是稳健的。为了进一步验证稳健性,我们采取的稳健性分析方法是分行业回归,观察不同要素密集度的行业的出口二元边际产生影响因素是否存在差异。

基准模型的研究是基于2002~2013年制造业28个细分行业的面板数据。我们调整行业类别,观察不同要素密集度的制造业行业,集约边际和扩展边际的影响因素是否存在差异。借鉴刘仁毅(1985)的要素密集度指数化比较法①,基于2013年制造业细分行业固定资产总值以及从业人员数,计算要素密集度指数,并将制造业的28个细分行业划分为资本密集型行业和劳动密集型行业,从而获得两个子面板数据,其中劳动密集型行业有12个,资本密集型行业有18个。如表5.5所示。

表5.5　2013年制造业劳动密集型行业与资本密集型行业划分

劳动密集型行业:12个	资本密集型行业:18个
农副食品加工业 纺织业 造纸及纸制品业 食品制造业 文教体育用品制造业 饮料制造业 烟草制造业 纺织服装鞋帽制造业 木材加工及木、竹、藤、棕、草制品业 皮革毛皮羽毛(绒)及其制品业 家具制造业 印刷业和记录媒介的复制	医药制造业 石油加工、炼焦及核燃料加工业 化学纤维制造业 化学原料及化学制品制造业 橡胶制造业 非金属矿物制品业 通用设备制造业 有色金属冶炼及压延加工业 黑色金属冶炼及压延加工业 金属制品业 专用设备制造业 电气机械及器材制造业 交通运输设备制造业 仪器仪表及文化 通信设备计算机及其他电子设备制造业 办公用机械制造业、工艺品及其他制造业

① 取一国制造业的平均密集度为100,然后将各个行业的要素密集度相应地指数化,进而进行比较。如果采用的是衡量资本密集度的指标,那么大于100的行业是资本密集型的行业,而低于100的就是劳动密集型行业。

表5.6是制造业分要素密集度行业回归结果。分行业回归的基本结果与基准模型类似,再次验证了主要结论的稳健性。

表5.6 制造业分要素密集度行业回归结果

解释变量	被解释变量			
	劳动密集型行业		资本密集型行业	
	ln(extensive)	ln(intensive)	ln(extensive)	ln(intensive)
ln(INNOV)	0.116** (0.059)	0.275*** (0.049)	0.088** (0.042)	0.092** (0.045)
ln(GDP)	0.761*** (0.251)	0.435** (0.194)	0.622** (0.308)	0.711* (0.383)
ln(DIST)	-0.281*** (0.088)	-0.176* (0.092)	-0.291*** (0.087)	-0.173** (0.086)
ln(FDI)	0.375*** (0.133)	0.275*** (0.097)	0.256** (0.121)	0.783*** (0.123)
SHOCK	-0.231** (0.114)	-0.277** (0.121)	-0.242** (0.115)	-0.481*** (0.161)
ln(INNOV)×SHOCK	0.175*** (0.028)	0.179*** (0.028)	0.323*** (0.029)	0.192*** (0.029)
常数项	-1.92 (4.33)	3.97 (3.56)	-8.36* (4.33)	-2.23 (3.56)
Prob>F	0.00	0.00	0.00	0.00
样本量	144	144	192	192
行业数	12	12	16	16

注:①括号中报告的是聚类稳健的标准差(Cluster-Robust Standard Error);②***、**、*分别代表估计系数通过1%、5%和10%的显著性水平检验

基于分行业的回归结果有以下几点发现:

第一,从劳动密集型行业回归结果看,技术创新对出口的扩展边际和出口的集约边际都有显著的促进作用。技术创新分别在5%和1%的显著性水平上

第5章 技术创新与中国制造业的出口二元边际：产品层面

拒绝"技术创新对出口二元边际无影响的原假设"，同时，对扩展边际的影响系数是 0.116，小于对集约边际的影响系数 0.275。说明技术创新对劳动密集型行业的扩展边际的促进作用小于集约边际的促进作用。考虑到劳动密集型行业研发较少，技术创新水平相对较低。因此可以判断，劳动密集型行业的技术创新降低了企业产品生产成本而非提升了产品质量，从而促进了集约边际的扩张，这将导致贸易条件的恶化。

从宏观经济冲击 SHOCK 变量的系数看，宏观经济冲击对劳动密集型行业的扩展边际的影响（0.231）略小于集约边际（0.277），说明宏观经济冲击对劳动密集型制造业出口波动的影响主要是由集约边际的波动所引起的。另外，在宏观经济冲击下，技术创新对出口扩展边际的影响系数 0.291（0.175 + 0.116）高于技术创新对出口集约边际的影响系数 0.454（0.179 + 0.275），说明技术创新使中国制造业劳动密集型行业的出口产品的生产成本迅速降低，2008 年后低成本的比较竞争优势依然巨大。前面在第 4 章中我们发现，在 2008 年金融危机以后，中国制造业出口占世界制造业出口总额的比重不降反升，中国制造业出口的降幅小于世界制造业出口的降幅。这里的实证发现与描述统计结果一致。

从 FDI 回归系数看，FDI 对劳动密集型行业的扩展边际的作用大于对集约边际的作用（0.375 > 0.275）。说明 FDI 努力推动中国企业参与价值链的低端的国际分工。Clegg 和 Wang（2004）认为，不同类型的 FDI 对中国制造业影响不同，港资、台资大多从事加工贸易，溢出效应较小。我国有大量的加工外贸型企业，尤其是东南沿海的港资、台资企业，这类企业的 FDI 促使了我国制造业出口扩展边际的扩张。

第二，从资本密集型行业的回归结果看，技术创新对出口的扩展边际和出口的集约边际都有显著的促进作用。技术创新都在 5% 的显著性水平上拒绝"技术创新对出口二元边际无影响的原假设"，同时，对扩展边际的影响系数是 0.088，小于对集约边际的影响系数 0.092。说明技术创新对资本密集型行业的扩展边际的促进作用小于集约边际的促进作用。

从宏观经济冲击 SHOCK 变量的系数看，宏观经济冲击对资本密集型行业的扩展边际的影响（0.242）小于集约边际（0.481）。说明宏观经济冲击对劳动密集型制造业出口波动的影响主要是由集约边际的波动所引起的。另外，在宏观经济冲击下，技术创新对出口扩展边际的影响系数 0.411（= 0.088 + 0.323）远远高于技术创新对出口集约边际的影响系数 0.284（= 0.092 + 0.192）。结合宏观经济冲击后，技术创新对全部行业以及劳动密集型行业的二元边际的作用可知，技术创新在宏观经济冲击后对扩展边际的促进作用主要体现在资本密集型行业上。因此，宏观经济冲击过后，加强对资本密集型行业的技术创新，可以更快地促进给整个制造业行业出口的扩展边际。

从 FDI 回归系数看，FDI 对资本密集型行业的集约边际的作用大于对扩展边际的作用。说明 FDI 在进入中国的制造业时，更加注意技术封锁，严格管制对中国高科技出口，在限定的领域向中国输出限定的技术或设备。从而表现为，发达国家的技术封锁使 FDI 对资本密集型行业促进作用更大，而非出口种类更多。因此，资本密集型行业扩展边际的扩张，不能依赖于 FDI，唯有加强本土企业的技术创新。

第三，技术创新对出口集约边际，尤其对劳动密集型行业的促进作用更大。比较劳动密集型行业和资本密集型行业的回归结果（0.116 < 0.275；0.088 < 0.092）可知，技术创新对出口二元边际有显著的促进作用。技术创新对我国制造业出口的影响主要体现在集约边际上，这点和基准模型的结论一致。另外，技术创新对劳动密集型产业的推动作用更大，效果更明显（0.116 > 0.088；0.275 > 0.092）。可能的解释是，2008 年金融危机以来，我国劳动力供给增长速度不断放缓，劳动成本加速上升，"用工荒"成为东部沿海地区乃至全国中小制造企业的"新常态"。传统的劳动密集型行业例如纺织业、饮料制造业、食品制造业等加快了"机器换人"的步伐,这些传统行业中的企业期望通过实施技术改造,以机器换人,提升产能,提高生产效率,降低生产成本,从而保持并扩大比较优势。从经典的文献(Hausmann et al.,2007,Imbs & Wacziarg,2008,Cadot et al.,2011)的结论看,产品的差异化随着人均GDP的增长呈"钟型"(Bell-shaped)的变化,即世界各国在其工业化的中后阶段,其技术创新更倾向于提升现有产品的(Specific Products)生产效率或者产品质量,而不是产品的种类。这点似乎和本书的结论相符,但从中国制造业出口产品数据实证分析结果看,技术创新更多的是促进了现有产品的生产效率,而非产品质量,最终结果是贸易条件没有得到改善。

第四,技术创新有利于优化我国出口的产品结构。比较劳动密集型行业和资本密集型行业在出现宏观经济冲击后,技术创新对出口二元边际的影响可知,技术创新对出口扩展边际有显著的影响,分别为 0.175 和 0.323,大于对出口集约边际的影响,分别为 0.179 和 0.192;并且对资本密集型行业的出口扩展边际促进作用更大(0.323 > 0.179)。这说明,在危机发生后,加强技术创新以提升我国制造业贸易竞争的比较优势,进而改善贸易条件,重点应放在资本密集型行业上。

5.3.5 内生性问题

技术创新和出口二元边际可能存在双向因果关系,即技术创新驱动出口二元边际的增长;反过来,出口二元边际的增长也会影响企业的技术创新。因此,可能存在内生性问题,不能保证得出无偏的参数估计。尤其在中国,不可否认出口贸易对技术创新有巨大的拉动作用(干中学效应)。

计量经济学上消除内生性的方法主要有动态面板法和工具变量法。

第一种方法是工具变量法。好的工具变量 IV 很难找到。它要求满足两个条件:首先 IV 与内生解释变量相关;其次 IV 与扰动项不相关,即 IV 是外生变量。Fishman 和 Svensson(2007)找到一个有效的方法来构造工具变量,他们证明如果估计方程中的内生性问题主要是由于遗漏变量导致的解释变量与残差项相关问题以及度量误差(Measurement Error)造成的问题,可以通过构造上一个层次(细分)行业平均值的方法作为工具变量来解决这个问题。但是,依然解决不了解释变量和被解释变量相互影响的问题,即无法消除创新和出口二元边际可能存在双向因果关系的影响。

第二种方法是动态面板方法,也称为广义矩估计方法(Generalized Method of Moments,GMM)。具体做法是将水平变量的滞后项作为一阶差分方程的工具变量,同时将一阶差分变量作为水平方程的工具变量,并将水平方程和差分方程联合起来估计。这种方法由 Anderson 和 Hsiao(1981)提出,并被 Arellano 和 Bover(1995)修正。这种方法可以有效解决内生性问题,但是对于本研究而言,由于引入了滞后项,影响核心的解释变量(技术创新)的系数,因此在本章的实证分析过程中,使用 FE 方法来讨论核心解释变量和主要解释变量;仅使用 GMM 方法来讨论模型的内生性问题。

这里,首先在技术创新变量上采用滞后一阶的专利数量来衡量,然后通过系统广义矩估计方法(SYS - GMM)估计模型,如表 5.7 所示。

表 5.7 技术创新对扩展边际和集约边际影响的 SYS - GMM 估计结果

解释变量	被解释变量			
	(1)	(2)	(4)	(5)
	ln(extensive)	ln(extensive)	ln(intensive)	ln(intensive)
$(\ln(intensive))_{t-1}$			-0.485*** (0.033)	-0.371*** (0.018)
$(\ln(extensive))_{t-1}$	-0.268*** (0.034)	-0.174*** (0.017)		

续表

解释变量	被解释变量			
	(1)	(2)	(4)	(5)
	ln(extensive)	ln(extensive)	ln(intensive)	ln(intensive)
ln(INNOV)	0.688*** (0.257)	0.434*** (0.149)	0.904*** (0.259)	0.631*** (0.125)
ln(GDP)	1.924*** (0.332)	1.596*** (0.419)	1.864*** (0.278)	1.503*** (0.245)
ln(DIST)	-0.890** (0.349)	-0.921** (0.426)	-0.843** (0.338)	-0.911** (0.409)
ln(FDI)	0.842** (0.331)	0.989** (0.463)	0.811** (0.339)	1.099** (0.409)
SHOCK	-1.146*** (0.118)	-0.929*** (0.291)	-1.624*** (0.224)	-1.422*** (0.068)
ln(INNOV)×(SHOCK)$_{t-1}$		2.113*** (0.405)		1.770*** (0.364)
Sargan p 值	0.389	0.408	0.319	0.539
AR(2) p 值	0.726	0.831	0.317	0.430
观测值	308	308	308	308
行业数	28	28	28	28

注：①括号中报告的是异方差—稳健的标准差；②***、**、*分别代表估计系数通过1%、5%和10%的显著性水平检验。

由于系统广义矩估计引入了滞后项，因此表 5.7 中估计参数与 FE 估计方法的估计参数有所差异，但符号以及显著性水平与前面模型估计结果基本一致。因此内生性问题不影响前面的估计结果以及讨论。进一步说明前面用 FE 方法的估计结果是稳健的。

综上所述，从"基准模型"到"技术创新、FDI 技术溢出与出口二元边际模型"，到"宏观经济冲击、技术创新与出口二元边际模型"，本书将解释变量逐个加入到模型中，估计参数大小及显著性水平基本不变，说明估计结果稳健。在稳健性分析部分，本章分行业进行回归，主要解释变量符号和显著性水平基本一致，进一步说明估计结果的稳健性。同时，本章讨论了内生性问题。

5.4 本章小结

本章将解释变量逐步加入回归的方法，基于微观贸易数据从行业层面分别研究了技术创新、FDI技术溢出、宏观经济冲击对出口二元边际的影响。本章致力于解答四大问题：

（1）技术创新如何影响中国制造业出口的二元边际？

（2）FDI是否促进了我国的技术创新？如何影响我国制造业出口的可能性？又如何影响我国制造业的出口量？

（3）FDI在较长时期内是如何影响我国制造业出口的二元边际的？

（4）宏观经济冲击是如何影响我国的出口二元边际呢？"产品多元化"和"地区多样化"在我国制造业面临宏观经济冲击时是否起缓冲器的作用呢？技术创新是否可以减弱外部的负面冲击对出口二元边际的影响？通过实证，得出以下结论：

第一，技术创新对出口的扩展边际和出口的集约边际起显著的促进作用。并且技术创新对我国制造业出口的影响主要体现在集约边际上。相对资本密集型行业而言，技术创新对劳动密集型行业的促进作用更大。由于技术创新对中国制造业出口的集约边际的促进作用，但并不是由技术创新提高产品质量引起的，而是由降低产品生产成本决定的，这必然导致贸易条件恶化。

第二，外部需求和综合贸易成本主要通过扩展边际影响制造业的贸易增长。

第三,外商直接投资(FDI)对出口扩展边际和集约边际也具有显著的推动作用。FDI缓解了我国制造业行业技术创新不足的约束,对我国技术创新有促进作用。FDI技术溢出对我国制造业出口二元边际起促进作用,对扩展边际的扩张作用更突出。

从较长一段时期内看,FDI对出口二元边际的影响呈倒"U"形曲线,细分行业外商直接投资企业的销售收入占该细分行业总产值的比例超过48.2%之前,外商直接投资使中国制造业企业出口的可能性增加,出口产品的种类更加多样化;当超过这个比例时,外商直接投资抑制出口扩展边际。细分行业外商直接投资企业的销售收入占该细分行业总产值的比例超过50.3%之前,外商直接投资促进我国制造业出口的集约边际;当超过这个比例时,外商直接投资将抑制出口的集约边际。2013年,制造业整体外商直接投资企业的工业增加值占整个制造业的工业增加值的比重大约为26.6%,仍处于倒"U"形曲线的上升通道,还没有到达倒"U"形曲线的顶端。因此,要促进制造业的出口,无论是沿着集约边际,还是扩展边际的扩张,当前外商直接投资政策的基本方向仍然是扩大外资进入的规模和领域。

第四,我们研究了宏观经济冲击发生时,技术创新对出口二元边际的影响,我们发现,宏观经济冲击对集约边际的影响更大,或者说集约边际的波动是导致中国制造业出口波动的主要原因。当宏观经济冲击发生时,如果中国制造业出口更多依赖于出口的扩展边际,出口就会更加稳健。当冲击发生时,技术创新促进扩展边际,从而使"产品多元化"和"地区多样化"在我国制造业面临宏观经济冲击时具有稳定器的作用。冲击发生后,技术创新的加强对促进扩展边际的扩张比集约边际扩张更迅速。

第五,相对于资本密集型行业,技术创新对劳动密集型行业的集约边际的影响更大。从实证分析结果看,技术创新更多的是促进了现有产品的生产效率,而非产品质量,最终结果是贸易条件没有得到改善。

第六，宏观经济冲击过后，技术创新应将重点放在资本密集型行业上。危机后，加强对资本密集型行业的技术创新，可以更快地促进整个制造业行业出口的扩展边际。

第七，资本密集型行业扩展边际的扩张，不能依赖于FDI，应加强本土企业的技术创新。

第6章 技术创新与中国制造业的出口二元边际：企业层面

以 Melitz（2003）为代表的新新贸易理论指出两个重要事实：一是企业进入出口市场，需要面临固定的启动成本，其中包括关税、许可证费用、国外市场调研、建立营销体系以及为适应当地需求而对产品进行调整而产生的费用等。二是企业的生产率有巨大的差异性，高于由固定贸易成本所决定的临界生产率的企业才会进入出口市场，即便已经进入出口市场的企业，如果未来生产率低于临界生产率，也将退出出口市场。以 Melitz（2003）、Bernard（2003）为代表的一类文献从企业层面对贸易流量的结构分解：将出口企业的数量定义为扩展边际。进一步地，衍生为企业进入和退出出口市场的选择，即一国中选择进入出口市场的企业越多，则扩展边际越大。同时，将单个企业的出口额定义为集约边际，单个企业出口额越大，集约边际越大。

诚然，国外主流文献研究表明研发投入大、技术创新能提升产品质量并降低生产成本，提升企业产品的出口竞争力（Mowery & Oxley，1995）。生产率越高的企业，选择出口到国外市场的可能性越大，即扩展边际越大（Bernard & Jenson，2001；Greenaway & Kneller，2004，Arnold & Hussinger，2005；等等）。Brayman 等（2010）分析了美国新企业样本，发现周边企业的技术创新对新企业的研发有溢出，并且促进了新企业的出口参与。

但中国经验出现了例外，李春顶（2009）提出"生产率悖论"，在实证基础上验证了出口企业的生产效率反而低于只供应国内市场的企业。那么技术创新水平越高的企业，出口的可能性越大吗？技术创新需要高额的沉淀成本（Alfaro，2004），有可能降低企业的竞争力，抑制了企业的出口参与。这点对于被全球价值链低端锁定的中国制造业企业来说尤其如此。

本章要回答三个问题：

（1）技术创新如何影响中国制造业企业出口的二元边际？即是否可以促进企业的出口参与选择？是否可以促进企业的出口深化？

（2）中国加入WTO后，西方发达国家为了保证自身的利益，对中国的技术封锁出现变化：一方面，通过FDI、加工贸易等方式推动中国在价值链的低端参与国际分工；另一方面，实施更严密的知识产权保护、更严格的高端技术封锁。那么FDI在不同要素密集度的制造业企业的出口二元边际扮演怎样的角色？

（3）FDI技术溢出如何影响制造业企业出口的二元边际？这三个问题将在2005~2008年中国工业企业数据进行实证分析后一一解答。

6.1 出口企业异质性的基本特征

6.1.1 数据来源及整理

本章使用的是2005~2008年国家统计局工业企业统计报表数据，涵盖39

个工业行业200多万家生产企业。覆盖样本期内全国国有和规模以上（主营业务收入超过500万元）非国有企业的基本信息和财务信息，包括企业规模、产出、销售、职工人数、工业总产值、出口交货值等上百个变量，这为企业异质性研究提供了丰富的信息。

由于报表数据存在许多遗漏和统计错误，参照谢千里（2008）的处理方法，只要出现以下条件之一，本书就将该样本删除：

（1）企业职工人数少于8人。

（2）企业总产值、销售额、固定资产等小于等于0的。

（3）出口交货值大于销售产值的。

（4）工业增加值大于工业总产值的。

（5）重复的同一样本。

此外，为了减少异常值对计量结果的影响，本书对主要解释变量（企业生产率、技术创新水平、企业规模等）做了0.5%的缩尾处理。本书将所属行业两位数行业代码为06~11（采矿业）以及行业代码43、44、45的企业全部删除，只分析行业代码为13~42的28个两位数细分行业①的制造业企业。

经筛选后得到总样本中共545633家制造业企业，其中出口企业有133025家，占样本总数的24.38%。对2006年、2007年的企业销售总额、出口交货值使用PPI指数做平减处理。主要经济指标的描述统计如表6.1所示。

---

① 与第5章28个制造业细分行业对应，分别为：其中制造业覆盖28个细分行业。包括农副食品加工业（13），食品制造业（14），饮料制造业（15），烟草制品业（16），纺织业（17），纺织服装、鞋、帽制造业（18），皮革、毛皮、羽毛（绒）及其制品业（19），木材加工及木、竹、藤、棕、草制品业（20），家具制造业（21），造纸及纸制品业（22），印刷业和记录媒介的复制（23），文教体育用品制造业（24），石油加工、炼焦及核燃料加工业（25），化学原料及化学制品制造业（26），医药制造业（27），化学纤维制造业（28），塑料制品业（30），非金属矿物制品业（31），黑色金属冶炼及压延加工业（32），有色金属冶炼及压延加工业（33），金属制品业（34），通用设备制造业（35），专用设备制造业（36），交通运输设备制造业（37），电气机械及器材制造业（39），通信设备、计算机及其他电子设备制造业（40），仪器仪表及文化、办公用机械制造业（41），工艺品及其他制造业（42）。

表 6.1 中国制造业企业主要指标的描述统计

变量	观察值	Mean	Std.	Min	Max
工业总产值（千元）	545633	89295.42	55686.6	2	1.59e+08
销售总额（千元）	545633	73487.05	573397.6	0.883	1.58e+08
工业增加值（千元）	545633	23081.21	174759.2	0.797	2.98e+07
出口交货值（千元）	545633	16046.33	318455.5	0	1.59e+08
企业员工数（人）	545633	212.724	792.534	8	177151
劳动生产率（千元/人）	545633	108.138	296.529	0	77907.25

6.1.2 出口企业的总体异质性特征

总样本中出口企业有133025家，占企业总数的24.38%。基本经济指标如表6.2所示。

表 6.2 2008年中国制造业出口和内销企业的主要经济指标

变量	出口企业	内销企业
企业数目（家）	133025	412608
工业总产值（千元）	145022.5	57784.32
销售总额（千元）	132052.2	56160.07
工业增加值（千元）	37209.5	14994.94
出口交货值（千元）	62650.12	0
企业员工数（人）	399	128
劳动生产率（千元/人）	93.256	118.65

从表6.2可知，制造业企业中，75%左右的企业只从事内销，不足25%的企业选择出口。同时，出口企业的总产值、销售总额、工业增加值、企业员工数都远远超过内销企业，但是劳动生产率却低于内销企业，没有体现出规模优

势。同时，可能由于大量的加工贸易企业参与出口（Dai, 2011）、本地市场保护以及出口溢出效应（Yang & He, 2014），因此出口企业的生产率反而低于内销企业，盈利能力也低于内销企业，与异质性企业模型的结论不一致，存在"生产率陷阱"（汤二子，2011）。

表6.3统计了企业在样本期内出口/内销状态的变化情况。从表6.3中可以看出，94.32%的内销企业无法越过临界生产率实现出口，只有5.68%的企业成功参与了国际分工。而出口企业中，只有12.67%的企业在动态中无法满足临界生产率而退出出口市场，但大部分的企业（87.33%）依然持续出口。Roberts和Tybout（1997）认为，企业一旦实现出口，就会体现出出口行为的持续性（Persistence），这是由前期投入的贸易成本属于沉没成本所决定的。

表6.3 出口/内销企业迁移概率

	内销企业	出口企业	总计
原内销企业（家）	281607	15031	296638
比例（%）	94.32	5.68	100
原出口企业（家）	15282	105336	120618
比例（%）	12.67	87.33	100
合计（家）	296890	120367	417257
比例（%）	71.15	28.85	100

6.1.3 出口企业的生产率异质性

以下使用普通最小二乘法（OLS）、固定面板模型（FE）以及O-P法分别估计了各要素对企业总产值的产出弹性。其中，l是劳动力，k是企业固定资产，m是中间品投入，估计结果如表6.4所示。

表 6.4 企业生产率计算的回归系数

总产出 lny	(1) TFP_FE	(2) TFP_OLS	(3) TFP_O-P
$\ln k$	0.0299***	0.0309***	0.0299***
	(0.000813)	(0.000315)	(0.000823)
$\ln l$	0.0766***	0.0537***	0.0766***
	(0.00154)	(0.000509)	(0.00153)
$\ln m$	0.801***	0.877***	0.801***
	(0.00376)	(0.00112)	(0.00377)
Constant	1.921***	0.795***	1.921***
	(0.0268)	(0.00591)	(0.0268)
观察值	133025	133025	133025
调整 R^2	0.802	0.961	0.802

注：①括号中报告的是标准差；②***、**和*分别代表估计系数通过1%、5%和10%的显著性水平检验。

从表6.4可以看出，加总各要素的弹性系数可以得到总的规模弹性系数。最小二乘法计算出来的规模弹性系数为0.9616。这比固定效应模型和O-P法估计的规模弹性系数（0.9075）要大。显然，OLS估计的结果接近不变规模弹性。

表6.5报告了出口企业和内销企业的TFP值。FE、OLS和O-P法计算所得的TFP，出口企业皆大于内销企业。OLS无法解决样本选择偏差问题将高估TFP。固定效应模型假设企业在样本期内的生产率不变。这一假设如果满足，也可以得到一致的参数估计，从而解决样本选择偏差问题，但现实中往往难以满足。因此，一般选用O-P法来估计，以克服样本选择偏差问题。后面的实证分析涉及TFP的计算将使用O-P法的估计结果。

表 6.5 出口和内销企业全样本期内 TFP

TFP	(FE)	(OLS)	(O-P)
出口企业均值	13.66	10.48	2.275
内销企业均值	6.87	4.31	1.32

表 6.6 报告了 O-P 法计算的 TFP 的分年度统计结果。在样本期内各年度的 TFP 均值，出口企业皆高于内销企业。生产率高的企业参与出口的意愿更高。同时，出口企业和内销企业生产率皆逐年提高，但出口企业的生产率提升更快。可能是"干中学"导致了出口企业的生产效率的逐年提高，并且出口溢出效应明显，带动了内销企业生产率的增长。

表 6.6　O-P 计算的全要素生产率分年度统计

O-P 计算的全要素生产率	2005 年	2006 年	2007 年	2008 年
出口企业均值	1.126	1.412	2.053	3.654
内销企业均值	1.008	1.169	1.203	1.365

6.2　模型设定和指标说明

6.2.1　模型设定

基于上述理论和实证文献，以出口的二元边际为被解释变量，技术创新、FDI、FDI 技术溢出为核心解释变量，采用以下方程进行计量检验：

$$Ex_{it} = \alpha + \beta_1 Innov_{it-1} + \beta_2 FDI_{it-1} + \beta_3 FDI_{it-1} \times Innov_{it-1} + \beta_4 Trade_{it-1} + \beta_5 TFP_{it-1} + \beta_6 Size_{it-1} + \gamma CV_i + \mu_{it} \tag{6.1}$$

式中，Ex_{it} 表示企业 i 在 t 年的出口状态，$Innov_{it}$ 是企业 i 在 t 年的技术创新强度，$Size_{it}$ 表示企业的规模，TFP_{it} 是企业 i 在 t 年的全要素生产率，CV_i 是控制变量，FDI_{it} 是细分行业 t 年的外商直接投资。这里设置了一个交互项 FDI_{it-1}·

$Innov_{it-1}$,系数为 β_3,用来检验行业层面 FDI 对企业技术创新的影响,来研究 FDI 在行业层面的技术溢出效应。如果 β_3 小于 0,FDI 技术溢出效应为负,说明 FDI 对企业的技术创新起替代或抑制作用,降低了企业的出口竞争力,对企业出口参与以及企业的出口量起抑制作用。如果 β_3 大于 0,FDI 技术溢出效应为正,FDI 缓解了企业的技术创新不足的约束,对企业出口参与以及产品的出口量起促进作用。为了避免可能存在的同步性而导致的内生性误差,主要解释变量(TFP_{it}、$Innov_{it}$、$Size_{it}$、FDI_{it})都采用滞后一期的变量。假定 μ_{it} 服从正态分布,即 $\mu_{it} \sim N(0, \sigma^2)$。

6.2.2 变量选取与指标说明

(1) 全要素生产率(TFP)。由于 OLS 无法解决样本选择偏差问题将高估 TFP。O-P 法可以解决这个问题。因此这里采用 O-P 法计算的全要素生产率。最终以 TFP 的对数值 ln(TFP)进入模型。

(2) 贸易成本(Trade)。参照易靖韬(2009)的做法,以企业前一年的出口状态 EX_{it-1} 作为贸易成本的测度。企业进入国外市场需面临固定成本,这属于沉没成本,因此企业出口行为的持续性(Persistence)影响企业生产率。EX_{it-1} 衡量了出口沉没成本的滞后影响。

(3) 外商直接投资(FDI)。FDI_{it} 为制造业细分行业的外商直接投资强度。外商直接投资强度以细分行业的外商直接投资企业工业增加值占该细分行业工业增加值的比例来衡量。细分行业的外商直接投资企业工业总产值以及细分行业工业总产值数据来自对应年份的《中国工业经济统计年鉴》。

(4) 技术创新强度(Innov)。技术创新强度是本书的核心指标。从微观企业角度出发,度量技术创新的常用变量,一般包括创新研发投入的变量和创新产出的变量两大类。鉴于我们的数据仅包括研究开发费,因此本书采用企业研发开发费与企业工业销售产值（当年价格）的比值来衡量技术创新强度。

（5）企业规模（Size）。企业规模是企业的重要特征。常用的代理变量主要有销售收入、企业员工总数、企业总资产。由于销售收入对生产要素的比例是中性的，并且能反映短期需求的变动（Scherer，1999），因此本书采用销售收入作为企业规模的代理变量，以销售收入的对数值 ln（sale）进入计量分析。

（6）控制变量（CV）。控制变量用三组虚拟变量表示，其中：①行业变量 ind，根据国家统计局《国民经济行业分类》（GB/T 4754—2002）行业分类标准，按照两位数代码生成 28 个制造业细分行业虚拟变量。②地区虚拟变量 Region，31 个地区虚拟变量涵盖对应的省、直辖市、自治区。③年份变量，为了控制不同年份宏观经济外生冲击的影响，比如宏观经济波动、政策变化、政治事件等，生成 3 个年份的虚拟变量。

表 6.7 报告了全要素生产率、外商直接投资、技术创新强度以及企业规模等主要解释变量的描述性统计。

表 6.7 主要解释变量的描述性统计

变量	观察值	平均值	标准差	最小值	最大值
TFP	133025	$-5.85e-16$	0.29	-0.501	12.39
Ex（出口=1/非出口=0）	133025	0.276	0.45	0	1
Ex（出口交货值）	133025	9.458	28.09	0	309250
Innov	133025	0.16	0.84	0	57.21
Size	133025	10.13	1.25	-0.059	18.93
FDI	84	0.27	0.16	0.0007	0.76

为了排查研究变量的多重共线性问题，这里给出主要解释变量的皮尔逊相关系数矩阵，如表 6.8 所示。

表6.8 主要解释变量的皮尔逊相关系数矩阵

	EX	TFP	FDI	Innov	Size
EX		0.0076	0.0077	0.0012	0.0087
TFP	0.0009		0.0098	0.1847	0.0741
FDI	0.0049	0.0098		0.0045	0.0063
Innov	0.1031	0.1847	0.0045		0.0863
Size	0.0107	0.0741	0.0063	0.0863	

表6.8左下部分提供了企业出口扩展边际EX（出口=1/非出口=0）计量方程中解释变量的相关系数矩阵，右上部分提供了企业出口的集约边际计量方程中解释变量的相关系数矩阵。从表6.8可以看出，解释变量不存在严重的多重共线性。

6.3 实证结果及分析

6.3.1 技术创新与企业出口的扩展边际

对企业出口参与的选择，主流文献将出口定义为1，不出口定义为0，使用Probit模型进行计量。因此，本书采用Probit离散选择模型估计出口的扩展边际，同时采用Logit模型来检验实证结果的稳健性。具体计量模型如下：

$$Pr(EX_{it}=1 \mid x_{it-1}) = \alpha Innov_{it-1} + \beta X + \gamma CV_i + \mu_{it} \quad (6.2)$$

其中，

$$\beta \cdot X = \beta_1 + \beta_2 FDI_{it-1} + \beta_3 FDI_{it-1} \times Innov_{it-1} + \beta_4 Trade_{it-1} + \beta_5 TFP_{it-1} + \beta_6 Size_{it-1} 且，\begin{cases} Pr_{it}=1, & 当 EX_{it}>0 \\ Pr_{it}=0, & 当 EX_{it}=0 \end{cases}$$

表6.9是技术创新对企业出口扩展边际的检验结果,除了交叉项系数通过5%的显著性水平检验外,其他解释变量系数皆通过1%的显著性水平检验。主流文献中用于解释非线性概率模型的总体拟合度,常用的测量指标是Mcfadden R^2 以及模型预测正确的百分比,其中后者更为常用。Mcfadden R^2 是含有所有解释变量的全模型与只含常数项的子模型的对数似然值之比。Mcfadden R^2 值越大,自变量对因变量的解释越充分。由表6.9可知,Probit模型和Logit模型的Mcfadden R^2 值分别为0.2847以及0.2926,表明模型设定一般。但是从另外一项测量指标看,结果显示,两个模型的"模型预测正确的百分比"均在62%以上,表明在企业异质性(全要素生产率、技术创新强度、企业规模等)显著的条件下,模型设定较好。进一步地,比较两个模型的总体拟合程度,相差不大,且Probit模型和Logit模型的参数估计结果相差不大,说明估计结果是稳健的。由表6.9可以得到以下主要结论:

表6.9 技术创新对企业出口扩展边际的检验结果

变量	Probit 模型		Logit 模型	
Ex_{it-1}	1.6326	(0.0276)***	1.5933	(0.0283)***
$Innov_{it-1}$	1.0629	(0.0245)***	1.0710	(0.0226)***
TFP_{it-1}	0.0701	(0.0028)***	0.0692	(0.0030)***
$Size_{it-1}$	0.2218	(0.0027)***	0.2019	(0.0025)***
FDI_{it-1}	0.0076	(0.0001)***	0.0074	(0.0001)***
$FDI_{it-1} \times Innov_{it-1}$	0.0043	(0.0020)**	0.0045	(0.0022)**
常数项	-7.5512	(0.3005)***	-13.5616	(0.5893)***
行业固定效应	是		是	
地区固定效应	是		是	
年份固定效应	是		是	
LR	1463.65		1453.27	
Mcfadden R^2	0.2847		0.2926	
预测正确的百分比	62.83%		63.02%	

注:①括号中报告的是标准差;②***、**和*分别代表估计系数通过1%、5%和10%的显著性水平检验。

第一,全要素生产率对我国制造业企业出口参与决策有显著的促进作用。全要素生产率的系数为 0.0701,显著为正,表明生产率对出口决定具有较强的促进作用,体现出生产率高的企业对出口参与的自我选择效应。这点与表 6.6 的描述统计结果一致。

第二,技术创新对企业的出口参与选择有明显的促进作用。Innov 系数显著为正,表明技术创新对企业出口参与选择具有正向的强烈促进作用。因此,企业加强技术创新,能够显著促进企业出口参与行为。

第三,行业外商直接投资对企业出口决策具有促进作用。FDI 系数显著为正,说明外商直接投资比重越大的行业,企业的出口倾向越高。可能原因是:一方面,港澳台和外商直接投资比重越大,行业内的企业更倾向于服务国外市场;另一方面,外商直接投资的企业对本土企业的知识溢出,增强了行业内本土企业的出口倾向。

第四,FDI 技术溢出对企业的技术创新起促进作用。交互项 $FDI_{it-1} \times Innov_{it-1}$,系数显著为正,说明 FDI 缓解了企业技术创新不足的约束,增强了企业出口参与的可能性。尤其是外资参与程度高的行业,为行业内的本土企业提供了一种潜在可能,即本土企业可以通过合作交流学习和吸收所在行业外资企业的技术外溢。同时,技术外溢强化了企业的自我选择效应,学习能力强的企业,与外资企业的互动更有效,这样的企业将加大研发投入,加强技术创新,在有利可图的情况下进入出口市场。

第五,出口沉没成本对企业出口参与具有重要的促进作用。Ex_{it-1} 的系数显著为正,说明企业的出口经验对本期的出口决策有很大的解释力。这与 Roberts 和 Tybout(1997)、易靖韬(2009)等的结论一致。

第六,企业规模对出口参与具有促进作用。$Size_{it-1}$ 的系数显著为正,表明规模因素对企业出口参与具有促进作用。即企业规模越大,进军国外市场的意愿越强。这与易靖韬(2009)、贾戎(2012)等的结论一致。

6.3.2 技术创新与企业出口的集约边际

异质性企业贸易实证文献强调,非出口企业出口额为零,将出口额设定为虚拟变量,直接用普通最小二乘法(OLS)对解释变量回归,可能出现"自选择偏误"。从本书研究角度看,出口或者不出口是企业的自主决策行为,如果这个决策不依赖于所研究的出口量的决定因素,就会产生"样本选择偏差"。

这里采用 Heckman(1979)两阶段模型来解决样本选择偏差问题。第一阶段用二元 Probit 离散选择模型,考察扩展边际;第二阶段用第一阶段产生的逆米尔斯比 λ 来修正出口总额模型,考察集约边际。伍德里奇认为,第一阶段和第二阶段模型的解释变量可以相同①。具体模型为:

$$EX_{it} = \alpha Innov_{it-1} + \beta X + \gamma CV_i + \mu_{it} \tag{6.3}$$

其中,$\beta \cdot X = \beta_1 + \beta_2 FDI_{it-1} + \beta_3 FDI_{it-1} \times Innov_{it-1} + \beta_4 Trade_{it-1} + \beta_5 TFP_{it-1} + \beta_6 Size_{it-1}$,且,$\lambda_i = \phi(\alpha Innov_{it-1} + \beta X + \gamma CV_i) / \Phi(\alpha Innov_{it-1} + \beta X + \gamma CV_i)$ (6.4)

$\phi(\cdot)$ 为标准正态分布的概率密度函数。对比式(6.3)与式(6.2)的解释变量,式(6.3)增加了由式(6.2)得到的逆米尔斯比 λ,然后 λ 作为解释变量加入方程中进行估计。如果 λ_i 不为 0 且在统计上显著,说明"样本选择偏差"是存在的。采用 Heckman 模型才可以得到有效一致的估计。

表 6.10 报告了技术创新对企业集约扩展边际影响的检验结果。由表 6.10 可知,λ 通过 1% 的显著性水平检验,说明存在选择性偏差。重要解释变量技术创新、FDI、FDI 技术溢出等皆为正,且通过 1% 的显著性水平检验。表 6.10 报告了回归检验结果,主要有以下几点结论:

---

① 伍德里奇. 计量经济学导论[M]. 北京:中国人民大学出版社,2010.

表6.10 技术创新对企业集约扩展边际的检验结果

变量	Heckman 模型	
Ex_{it-1}	0.79164	(0.0336)***
$Innov_{it-1}$	0.42193	(0.0357)***
TFP_{it-1}	0.05068	(0.0024)***
$Size_{it-1}$	0.16553	(0.0114)***
FDI_{it-1}	0.00446	(0.0003)***
$FDI_{it-1} \times Innov_{it-1}$	0.00081	(0.0001)***
常数项	-7.5512	(1.0055)***
λ	0.78121	(0.0640)***
行业固定效应	是	
地区固定效应	是	
年份固定效应	是	
F（LR）值	25.73	
调整后 R^2	0.2847	

注：①括号中报告的是标准差；②＊＊＊、＊＊和＊分别代表估计系数通过1%、5%和10%的显著性水平检验。

第一，技术创新不但促进了企业的出口参与，提高了企业出口的扩展边际，还促进了企业的出口深度，促使企业出口数量增加，提高了企业出口的集约边际。

第二，FDI促进了企业的技术创新，提高了企业的集约边际。企业在吸收技术溢出后，通过加大研发投入，加强技术创新，将出口更多的数量产品。

第三，企业、规模越大、要素生产率越高、行业FDI份额越大，企业将出口更多的产品。同时，企业前期的出口经验很重要，有出口经验的企业，企业出口的深化将加强。由于表6.10和表6.9的回归结果基本类似，大于零且显著为正，因此在这里不再重复解释。

进一步地，我们对比技术创新对本土企业的扩展边际和集约边际的影响。首先将两个方程技术创新变量的估计参数进行标准化处理：

$$b3 = b1 \cdot \frac{s(\cdot)}{s(extensive)} \tag{6.5}$$

$$b4 = b2 \cdot \frac{s(\cdot)}{s(intensive)} \tag{6.6}$$

其中,$b1$ 和 $b2$ 为式(6.2)和式(6.3)的估计参数,$s(\cdot)$是对应解释变量的标准差。本书关注的解释变量技术创新和FDI技术溢出如表6.11所示。

表6.11 解释变量估计系数标准化处理结果

解释变量	b3(扩展边际)	b4(集约边际)
技术创新 Innov	0.057869	0.000536
FDI技术溢出(交叉项)	1.91111E-05	2.88359E-09
FDI	1.68889E-06	4.76326E-08

从表6.11可知,对于"技术创新"解释变量的标准化系数,扩展边际要大于集约边际(0.0579大于0.000536)。因此,技术创新对制造业企业出口扩展边际影响要大于对企业集约边际的影响。第5章基于产品层面的技术创新对出口二元边际影响的实证结果是,技术创新对行业出口产品的扩展边际影响大于对集约边际的影响。因此,产品层面分析和企业层面分析结果一致,即技术创新对出口的二元边际起促进作用,且对扩展边际的促进作用更大。

对于FDI技术溢出解释变量的标准化系数,扩展边际要大于集约边际(1.91111E-05大于2.88359E-09)。因此,FDI技术溢出对制造业企业出口扩展边际的影响要大于对企业集约边际的影响。第5章基于产品层面的技术创新对出口二元边际的影响的实证结果是,FDI技术溢出对行业出口产品的扩展边际影响大于对集约边际的影响。因此,产品层面分析和企业层面分析结果一致,即FDI技术溢出对出口的二元边际起促进作用,且对扩展边际的促进作用更大。

对FDI解释变量的标准化系数,扩展边际要大于集约边际(1.68889E-06

大于 4.76326E−08)。因此,FDI 对制造业企业出口扩展边际的影响要大于对企业集约边际的影响。第 5 章基于产品层面的技术创新对出口二元边际的影响的实证结果是,FDI 对行业出口产品的扩展边际影响大于对集约边际的影响。因此,产品层面分析和企业层面分析结果一致,即 FDI 对出口的二元边际起促进作用,且对扩展边际的促进作用更大。

6.3.3 稳健性分析

主流文献对中国企业出口行为的考察,大都考虑了所有权的类型。不同所有制类型的企业,其技术创新对出口的二元边际的影响可能不一样,并且 FDI 以及 FDI 技术溢出效应对不同所有制类型的制造业企业,可能有所不同。因此在稳健性分析中,分国有和非国有两个子样本集采用 Probit 模型进行回归,回归结果如表 6.12 所示。

表 6.12 技术创新对企业出口扩展边际影响的分样本回归结果

	国有	非国有	资本密集型	劳动密集型
Ex_{it-1}	1.8235***	1.0413***	1.5736***	0.9887***
	(0.0740)	(0.0267)	(0.0438)	(0.0956)
$Innov_{it-1}$	1.3133***	0.9306***	1.3934***	0.4533***
	(0.0697)	(0.0402)	(0.0483)	(0.0566)
TFP_{it-1}	0.0459***	0.0734***	0.0275***	0.0834***
	(0.0048)	(0.0024)	(0.0036)	(0.0027)
$Size_{it-1}$	0.2694***	0.2331***	0.3652***	0.3511***
	(0.0047)	(0.0021)	(0.0041)	(0.0025)
FDI_{it-1}	0.0043***	0.0059***	0.0032***	0.0233***
	(0.0001)	(0.0000)	(0.0001)	(0.0002)
$FDI_{it-1} \times Innov_{it-1}$	0.0026**	0.0052***	0.0057***	0.0028***
	(0.0013)	(0.0016)	(0.0015)	(0.0015)

续表

	国有	非国有	资本密集型	劳动密集型
常数项	-15.2523***	-7.6813***	-22.7125***	-7.5433
	(0.7157)	(0.2212)	(0.3542)	(0.5526)
行业固定效应	是	是	是	是
地区固定效应	是	是	是	是
年份固定效应	是	是	是	是
LR	1512.79	1379.77	1472.67	1309.61000
Mcfadden R^2	0.3276	0.2801	0.2926	0.27920
预测正确的百分比	63.18%	58.52%	65.46%	55.18%

注：①括号中报告的是标准差；②***、**和*分别代表估计系数通过1%、5%和10%的显著性水平检验。

此外，不同要素密集度的行业中的企业，技术创新对企业出口的二元边际影响也可能有所区别，FDI技术溢出效应也可能不同。在此，按照第5章表5.5的行业类型划分，将整个样本分为资本密集型和劳动密集型两个子样本分别采用Heckman模型进行回归，回归结果如表6.13所示。

表6.13　技术创新对企业出口集约边际影响的分样本回归结果

	国有	非国有	资本密集型	劳动密集型
Ex_{it-1}	0.8237***	0.6971***	0.9646***	0.5376***
	(0.0518)	(0.0323)	(0.0977)	(0.0899)
$Innov_{it-1}$	0.0577***	0.1082***	0.1796***	-0.6095***
	(0.0059)	(0.0052)	(0.0233)	(0.0426)
TFP_{it-1}	0.0128***	0.0484***	0.0102***	0.0138***
	(0.0031)	(0.0022)	(0.0005)	(0.0027)
$Size_{it-1}$	0.0429***	0.1431***	0.0315***	0.0685***
	(0.0007)	(0.0100)	(0.0005)	(0.0170)
FDI_{it-1}	0.0020***	0.0040***	0.0015***	0.0010***
	(0.0004)	(0.0003)	(0.0000)	(0.0003)

续表

	国有	非国有	资本密集型	劳动密集型
$FDI_{it-1} \times Innov_{it-1}$	0.0021***	0.0036***	0.0007***	0.0001***
	(0.0007)	(0.0001)	(0.0001)	(0.0000)
λ	0.2944***	0.6646***	0.3666***	0.1822***
	(0.0856)	(0.0569)	(0.0324)	(0.0131)
常数项	-2.5534***	-4.8920***	-7.3611***	-5.8129***
	(0.4503)	(0.4036)	(1.0684)	(1.5378)
行业固定效应	是	是	是	是
地区固定效应	是	是	是	是
年份固定效应	是	是	是	是
F (LR) 值	28.61	23.59	27.66	21.18
调整后 R^2	0.3027	0.2708	0.2974	26.60

注：①括号中报告的是标准差；②***、**和*分别代表估计系数通过1%、5%和10%的显著性水平检验。

从表6.12和表6.13可以得到以下主要结论：

第一，技术创新对国有的、资本密集型的企业的出口参与的促进作用更加明显。就企业出口的扩展边际而言，技术创新对于不同所有制类型以及不同要素密度企业的促进作用明显存在，但主要体现在国有的、资本密集型的企业中。

第二，技术创新对非国有的、资本密集型的企业出口的集约边际促进作用更加明显。就企业的集约边际而言，技术创新对不同所有制类型的企业的促进作用明显存在，但主要体现在非国有企业上。另外，技术创新对资本密集型的企业的出口深化有促进作用。而对劳动密集型企业，反而有拖累作用。可能的原因是，劳动密集型企业参与国际分工过程中被锁定在全球价值链低端。一旦加大科研投入，加强技术创新导致成本上升，反而损害了这类企业的国际市场竞争力。这一点基本符合中国制造业出口贸易发展的特点，与易靖韬（2013）

的研究结果相符。

第三,FDI 对非国有企业出口的集约边际和扩展边际的影响比国有企业大。FDI 带来了大量的资金、技术和管理技能,显著提升了中国出口产品的竞争力,这点对非国有企业更明显(文东伟等,2006)。

第四,FDI 对劳动密集型企业的扩展边际的促进作用远大于资本密集型企业,同时,FDI 对资本密集型企业的集约边际的促进作用大于劳动密集型企业。一方面,对劳动密集型企业,FDI 对这些企业的出口参与促进作用大于对其出口深化作用。李春顶(2009)统计了我国 36 个行业 1997~2006 年的企业数据,发现制造业中饮料制造业、纺织业和烟草制造业是 FDI 的首选。这说明 FDI 努力推动中国企业参与价值链的低端的国际分工。另一方面,对资本密集型企业而言,FDI 对这些企业出口深化的促进作用比出口参与的促进作用更强。说明 FDI 在进入中国的制造业时,更加注意技术封锁,严格管制对中国高科技出口,在限定的领域向中国输出限定的技术或设备,最终表现为 FDI 对资本密集型企业的集约边际促进作用远大于对其扩展边际的作用。结合结论第一点——"技术创新对国有的、资本密集型的企业的出口参与的促进作用更加明显"可知,加强自主技术创新是我国资本密集型制造业企业扩展边际扩张的必然选择。

第五,FDI 技术溢出对非国有的、资本密集型的企业作用更大。交互项 $FDI_{it-1} \times Innov_{it-1}$ 系数显著为正,说明外资参与程度高的行业为行业内的本土企业提供了一种潜在可能,即本土企业可以通过合作交流学习和吸收所在行业外资企业的技术外溢。同时,技术外溢激发了企业的出口参与的意愿和动力,学习能力强的企业,与外资企业的互动更有效,这些企业将加大研发投入,加强技术创新,参与出口或者出口更多的数量产品。对于劳动密集型企业而言,技术能力相对较低,因此,交互项系数较小,FDI 技术溢出虽然存在,但是溢出作用相对较小。

第六,从分样本回归看,无论是企业出口的集约边际还是企业出口的扩展边际,前期的出口经验非常重要。这体现了出口行为的持续性(Persistence)以及出口投入沉没成本的影响,与 Roberts 和 Tybout(1997)的研究结论一致。

第七,企业规模越大,出口的意愿更强,产品的出口竞争力越高。所有分样本回归方程的 $Size_{it-1}$ 变量的估计系数皆显著为正,说明企业规模越大,出口参与的可能性更高,同时已经参与出口的企业,其出口量更大。

6.4 本章小结

本章依据 2005~2008 年工业企业数据就技术创新对中国制造业企业出口的二元边际的影响进行实证分析,分析表明:

第一,技术创新对制造业企业出口扩展边际的影响大于对集约边际的影响。

第二,技术创新对企业出口深化促进作用明显。主要体现在非国有、资本密集型企业中。另外,技术创新对资本密集型企业的出口深化起促进作用。而对劳动密集型企业,反而有拖累作用。

第三,技术创新对企业出口参与的促进作用明显,并且主要体现在国有的、资本密集型的企业中。

第四,FDI 对劳动密集型企业的出口参与促进作用大于对其出口深化作用,FDI 努力推动中国企业参与价值链低端的国际分工。

第五,FDI 对资本密集型企业出口深化的促进作用比对其出口参与的促进作用更强。FDI 在进入中国的制造业企业时,更加注意技术封锁,严格管制对中国高科技出口,在限定的领域向中国输出限定的技术或设备。加强自主技术创新是我国资本密集型制造业企业扩展边际的必然选择。

第六,FDI技术溢出效应显著为正,对非国有的、资本密集型的企业作用更大。对劳动密集型企业而言,FDI技术溢出虽然存在,但作用相对较小。

第七,前期的出口经验对企业出口参与意愿和出口深化作用明显。

第八,企业规模越大,出口的意愿越强,产品的出口竞争力越大。

第7章 结论和政策建议

本章首先对全书的主要结论进行概括总结,在此基础上提出加强技术创新进而优化贸易结构的政策建议。最后指出有待进一步研究的方向。

7.1 主要结论与政策建议

7.1.1 主要结论

本书主要回答四个问题:①技术创新如何影响中国制造业出口的二元边际;②FDI是否促进了我国的技术创新,如何影响我国制造业出口的可能性,又如何影响我国制造业的出口量;③FDI在较长时期内是如何影响我国制造业出口的二元边际的?④宏观经济冲击是如何影响我国的出口二元边际的?"产品多元化"和"地区多样化"在我国制造业面临宏观经济冲击时是否起缓冲器的作用呢?技术创新是否可以减弱外部的负面冲击对出口二元边际的影响?

第7章 结论和政策建议

问题围绕着技术创新这个核心解释变量,然后延伸至FDI等其他解释变量对中国制造业贸易增长微观结构的影响。研究思路沿着"现实描述—模型推导—实证分析"展开,得到主要结论如下:

第一,本书首先在对中国制造业出口总量和出口结构分析的基础上,归纳出中国制造业出口的两大特征:一是出口增长容易受到宏观经济冲击的影响;二是贸易条件持续恶化。那么,为什么中国制造业出口增长容易受到宏观经济冲击的影响?导致制造业出口贸易条件的持续恶化根源在哪里?

为了回答这两个问题,本书基于UN Comtrade提供的HS(2002)六个数位贸易数据归类到我国国民经济行业分类(2002)行业数据,考察了中国制造业出口增长的微观结构。研究发现,过分依赖集约边际增长是出口容易受到冲击的根本原因。集约边际的大幅度波动导致贸易增长在宏观经济冲击下迅速萎缩。这意味着在全球经济增长放缓的背景下,依靠集约边际扩张的出口模式是不可持续的、脆弱的,必将导致贸易条件恶化。因此,实施出口"地区多样化"和"产品多元化"战略在未来很长一段时期内是中国制造业优化贸易结构,转变出口贸易增长方式,缓解出口波动,改善贸易条件的必然选择。进一步地,本书对中国制造业行业整体以及细分行业的技术创新作了分析,分析表明:2002年以来,制造业出口扩展边际逐步提升,可以归因于企业加大研发投入来提升企业的技术创新水平。因此,优化中国制造业贸易结构,转变出口贸易增长方式,改善贸易条件需要推动企业加强技术创新。

第二,本书在Chaney(2008)的异质性贸易引力模型的理论框架上,引入技术创新变量,将技术创新、集约边际和扩展边际在统一的理论框架中展示出来,并研究技术创新对优化出口二元边际结构的作用机制。

研究表明,技术创新加强将降低企业生产的边际成本,使有能力进入出口市场的企业的数量增加,或者出口到国外市场的产品种类增加;同时,技术创新的加强,将促进企业的平均出口量,或者已出口到国外市场产品的出口量增

技术创新与出口二元边际扩张

加。当FDI技术溢出为正时,FDI促进了企业的技术创新,降低了企业的边际成本,使有能力进入出口市场的企业的数量上升,或者出口到国外市场的产品种类增加,同时企业的平均出口量或者已出口到国外市场产品的出口量也增加。

第三,在实证分析中,本书首先利用微观贸易数据从产品层面进行了检验,具体而言,使用1992~2013年UN Comtrade提供的HS(2002)六个数位编码从020110到961220的贸易数据,样本集合最多包含了中国213个贸易伙伴和4424种制造业的出口产品。利用第3章推导出来的融入技术创新的异质性企业贸易引力模型检验了技术创新对制造业出口的二元边际的影响。研究发现,技术创新促进了制造业出口的二元边际,并且技术创新对我国制造业出口的影响主要体现在集约边际上。外部需求和综合贸易成本主要通过扩展边际影响制造业的贸易增长。另外,本书研究了FDI、FDI技术溢出对制造业出口二元边际的影响。研究表明,FDI对出口扩展边际和集约边际也具有显著的推动作用。FDI缓解了我国制造业行业技术创新不足的约束,对我国技术创新起促进作用。FDI技术溢出对我国制造业出口二元边际起促进作用,对扩展边际的扩张作用更突出。在较长一段时期内看,FDI对出口二元边际的影响呈倒"U"形曲线。在细分行业外商直接投资企业的销售收入占该细分行业总产值的比例达到阈值前,FDI对出口二元边际有积极的推动作用,在越过阈值后,FDI才会对出口二元边际起抑制作用。要促进制造业的出口,无论是沿着集约边际还是扩展边际的扩张,当前外商直接投资政策的基本方向仍然是扩大外资进入的规模和领域。

此外,我们特别关注宏观经济冲击发生时,技术创新对出口二元边际的影响,研究发现,宏观经济冲击对集约边际的影响更大。或者说,集约边际的波动是导致中国制造业出口波动的主要原因。当宏观经济冲击发生时,如果中国制造业出口更多依赖于出口的扩展边际,出口就会更加稳健。当冲击发生时,技术创新促进扩展边际，从而使"产品多元化"和"地区多样化"在我国制造业面临宏观经济冲击时起稳定器的作用。冲击发生后，技术创新对促进扩展边际的反弹比集约边际更迅速。

相对于资本密集型行业，技术创新对劳动密集型行业的集约边际的影响更大。从实证分析结果看，技术创新更多的是促进了劳动密集型行业的生产效率，而非产品质量。技术创新应将重点放在资本密集型行业上。危机后，加强对资本密集型行业的技术创新，可以更快促进整个制造业行业出口的扩展边际。同时，资本密集型行业扩展边际的扩张，不能依赖于 FDI，FDI 对资本密集型行业出口的扩展边际影响远远小于它对集约边际的影响，反映了西方发达国家对我国的技术封锁。

第四，贸易增长的微观结构除了从产品层面考察外，也可以从企业层面去研究。基于 2005～2008 年中国工业企业数据，分别用 Probit 模型和 Heckman 两阶段模型估计了技术创新、FDI、FDI 技术溢出对制造业企业出口二元边际的影响。研究表明，技术创新不仅有利于促进企业的出口参与，还有利于其扩大出口份额。技术创新对制造业企业出口扩展边际的影响要大于对企业集约边际的影响。FDI 对出口扩展边际和集约边际也具有显著的推动作用。FDI 缓解了我国制造业企业技术创新不足的约束，对我国技术创新起促进作用。FDI 技术溢出对我国制造业出口二元边际起促进作用。企业的前期出口经验、企业规模以及全要素生产率都对制造业企业出口的二元边际有正向的影响。另外，本书在劳动密集型行业和资本密集型行业分别进行了实证分析，研究表明，技术创新对企业出口深化的促进作用主要体现在非国有、资本密集型企业中。另外，技术创新对资本密集型的企业的出口深化有促进作用。而对劳动密集型企业反而有拖累的作用。技术创新对企业出口参与的促进作用明显，并且主要体现在国有的、资本密集型的企业中。FDI 对劳动密集型企业的出口参与促进作用大于对其出口深化作用，FDI 努力推动中国企业参与价值链的低端的国际分工。FDI对资本密集型制造业企业出口深化的促进作用比对其出口参与的促进作用更强。反映了FDI在进入中国的制造业时,更加注意技术封锁,严格管制对中国高科技出口,在限定的领域向中国输出限定的技术或设备。

7.1.2 政策建议

在知识经济时代,知识已经超越了要素禀赋(资本、劳动力、原材料等),成为促进生产率的首要因素。技术创新通过改变生产函数形式而不是依赖增加要素投入而推动经济增长,从而成为第一生产力。企业要参与国际分工、融入全球价值链并沿着全球价值链不断攀升,就必须提升自主创新能力,加强企业技术创新。本书的实证研究表明:技术创新对制造业出口的扩展边际和出口的集约边际有显著的促进作用。加强技术创新可以优化我国制造业出口二元边际结构,这对提升我国制造业贸易增长的稳定性和可持续性有重要的理论意义和政策意义。本书在主要研究结论基础上提出一些政策建议。

7.1.2.1 加大技术创新投入,缩减与发达国家之间的差距

内生经济增长理论认为,技术进步是由人们的行为决定的,是可以通过政策等加以影响的。通过技术创新实现技术进步,提高企业的生产效率,提高产品质量,增加产品种类,增强出口竞争力。中国自加入世界贸易组织以来,研发投入占国内生产总值比重不断攀升,从2000年的0.9%攀升到2012年的1.93%。2000~2012年美国研发投入占比年均2.64%,德国为2.55%,日本为3.26%。根据2014年全国科技经费投入统计公报,中国制造业研发经费投入强度为0.91%,远低于同期美国的3.8%。虽然我国加大了技术创新投入,彰显了国家在供给侧改革上的决心,但与美国、日本、德国等国家之间的差距依然非常明显。因此,应该继续加大技术创新投入,缩减与发达国家之间的差距。

7.1.2.2 加强对技术创新的税收、财政、金融支持

在税收政策上,深入税收制度改革,排除、降低不合理的税务负担,从制度框架下减轻企业的负担。同时,推行鼓励企业技术创新的税收优惠政策,降低企业技术投资风险,增强企业的收益预期,引导企业将资源向技术创新部门流动。

在财政投入方面,加强财政投入对社会资本的引导作用。美国加利福尼亚州的"硅谷"既是科技创新又是风险资本的代名词,是科技与金融的完美结合的典范。但是,技术创新具有公共物品的特征。在我国,由于创新收益的外部性以及不确定性而导致企业缺乏投入技术创新的资金和热情,金融机构也因巨大的不确定性却步。可以借鉴发达国家的经验,在政府引导、市场化运作的原则下,通过财政投入引导和撬动全社会资本,建立健全多元化、多层次的科技投融资体系,大力推行企业技术创新与金融产业的融合。一方面,财政投入可依托地方金融机构,加大财政投入拨动全社会资本,以设立种子基金、专利抵押贷款贴息、信贷风险补偿、研发资助等方式,实现金融机构与企业技术创新之间的联动。这样,通过财政投入引导,减轻了金融机构的风险,激发金融机构对技术创新企业的热情。另一方面,推进科技金融服务体系建设。建立科技金融服务平台,平台整合企业、证券、银行、创投机构、科技担保机构、小额贷款公司、律师事务所、会计师事务所、知识产权事务所等力量,加强企业技术创新与金融产业的衔接。

7.1.2.3 加强政府的引导作用,完善技术创新生态圈

第一,技术创新生态圈强调企业是主体,研发投入、成果转化、收益分割依托市场机制完成。目前,我国企业技术创新动力不足、能力较低,未能成为技术创新的主体。各级政府依据国家产业政策通过财政投入、税收优惠、采购倾侧等激励政策鼓励引导企业,特别是高新科技企业以及规模以上的企业设立

研发中心，提升企业的技术创新能力。同时，政府可以借鉴西方发达国家，以"技术创新基金""创新券"① 等大力推动产、学、研协同创新，促进大学、企业和研究机构的合作研究，冲破企业原来封闭的、自成一体的研发体系。企业可以通过研发委托、成果导入等方式，提高自身技术创新能力和竞争力。

第二，搭建技术创新服务及协作平台。充分发挥市场配置创新资源的作用，打造一系列技术创新服务及协作平台，其中包括智慧共享、研发众筹等促进人才共享、知识共享的研发类平台，还包括科技金融、技术转移、知识产权服务等研发服务平台。促进知识的创造、流通和应用，让市场在创新资源的配置上起主导作用。而政府为共享平台资源的企业提供补贴资金，引导和鼓励企业特别是中小微企业通过平台享用研发、知识产权、技术转移、科技金融等服务。

7.1.2.4 鼓励企业进行海外并购，获取核心技术

由于西方发达国家对中国的技术封锁，本土企业难以从技术引进中获取高科技行业、高端制造业等的核心技术。虽然海外并购也面临种种困难，例如美国外资投资委员会（CFIUS）阻止、自身学习能力缺乏、资金短缺、文化冲突等问题，但是，海外并购有助于中国企业打破技术封锁，整合全球资源，实现技术跨越核心竞争能力的升级。通过海外并购，获得被收购企业的专利、专有技术，以及与核心技术相关的研发团队、专业人才及管理团队。同时，将并购所得的研发资源、技术资源与企业本来拥有的资源相结合，在协同创新的过程中快速培育和提升企业的技术创新能力和扩张能力。

7.1.2.5 发挥跨国公司积极作用，积极引入外资

鼓励企业自主技术创新，不等于鼓励企业打造封闭的、自成一体的研发体

---

① Implementing ICT innovation vouchers to foster innovation and boost business development for SMEs. https：//ec. europa. eu/digital - agenda/en/news/implementing - ict - innovation - vouchers - foster - innovation - and - boost - business - development - smes - open.

第7章 结论和政策建议

系。在全球经济一体化的今天,技术创新在全球资源整合基础上进行。跨国公司在中国设立研发中心、将中国纳入其全球研发体系,通过示范效应和人才流动效应对本土企业技术溢出。积极引入外资,本土企业和跨国公司可以互利共赢。同时,本书研究发现,FDI努力推动中国企业参与价值链的低端的国际分工,但FDI在进入中国的制造业时,更加注意技术封锁,严格管制对中国高科技出口,在限定的领域向中国输出限定的技术或设备。因此,要实现我国制造业核心竞争力的升级,只能通过在整合全球资源基础上的自主技术创新。

7.1.2.6 加强知识产权保护,营造创新发展环境

加强知识产权保护就是为技术创新提供法律保障。政府加强知识产权保护,为企业营造一个公平、透明、稳定、可预期的创新发展环境,从而激励、培育及保护创新意念。技术创新的成果具有公共物品的属性,技术创新成果的正外溢性是企业缺乏技术创新的重要原因。加强知识产权保护,适度保护企业通过技术创新保持其技术垄断和竞争优势,确保企业有足够的动力进行持续的技术创新。

7.2 未来研究展望

7.2.1 进行理论的拓展和完善

今后的研究方向,首先要进一步跟踪前沿文献研究,扩展研究视野,从理论方面更加细致地分析企业出口行为。Chaney(2008)模型是在Melitz(2003)模型上的拓展,Melitz的企业异质性优美而有力,但也存在与现实不符、可以

改进的地方：

一是将劳动力假设为唯一要素禀赋，企业依靠生产率比较优势参与国际分工，和 Krugman 模型一样，不能解释收入分配问题。Bernard、Redding 和 Schott（2007）将 Melitz（2003）模型与传统 O-H 模型融合，考虑多种要素禀赋（劳动力、资本），既可以得到 Melitz（2003）的主要结论，也可以推导出 O-H 框架下 Stopler-Samuelson Theorem、Rybcyzinski Theorem、FPE 三大定理的结论。B-R-S 模型缺点在于不方便研究者们加入其他变量后进一步拓展模型，但完美的框架在未来是可以考虑的研究方向。

二是 Melitz（2003）模型沿袭 Krugman（1980，1981）模型的重要假定，企业是单一产品类别企业，这意味着单个产品类别进入和退出市场等同于单个企业在国际市场上的进出。但现实中，企业生产和出口的不止一种产品类别。Bernard（2006）的多产品、多目标市场的一般均衡模型解决了这个问题，缺点是没有解析，不方便研究者们加入其他变量后进一步拓展模型，但他基于从企业、产品、贸易伙伴三个维度对贸易边际的定义值得借鉴，可以更细致地对微观贸易数据进行结构性分解。

7.2.2 完善实证方法和研究数据

第一，使用更为细致和详细样本数据。本书研究数据来自中国工业企业数据库以及联合国贸易发展委员会的微观贸易数据库，这两个数据库是分离的，无法进行匹配。现有研究人员将中国工业数据库与海关贸易数据库匹配起来，既获得企业的经营活动信息，又得到其产品出口数据，联合起来分析，可以更细致、准确地研究企业的行为。

第二，进一步扎实计量经济学理论的学习，考虑其他的微观计量模型，例如动态面板数据模型，在寻找到合适工具变量下使用IV估计等；以及考虑其他计量方法，例如倍差分析法（Difference – in – Difference）研究宏观冲击前后企业出口行为的差异；或者采用倾向得分（PSM）匹配法来解决样本选择偏差问题等。

7.2.3 贸易增长二元边际的实证研究

虽然现有的理论存在一些缺陷，但并不影响进一步的实证研究。

（1）贸易增长二元边际影响因素的研究。前人的研究专长是技术性贸易壁垒，并且经过多年的数据收集，已经建立了技术性贸易壁垒数据库。可以考虑从技术贸易壁垒对出口二元边际的影响进一步做一些理论性的分析和实证性的研究。还有配额等贸易壁垒对出口二元边际的影响还未有人研究。也可以考虑估算中国不加入"大 TPP"对出口二元边际的影响等，相关的衍生研究不再一一赘述。

（2）贸易增长二元边际福利效应方面的研究。贸易增长二元边际福利效应主要表现在生产率效应、出口增长稳定性以及贸易条件改善等几个方面。出口增长稳定性可以衍生为出口企业存续时间、出口产品持续时间以及贸易伙伴关系持续时间方面的研究，可以考虑考察贸易增长二元边际不同影响因素，如贸易成本、贸易制度、技术创新等对这些出口增长稳定性衍生指标的影响研究。此外，已有学者研究二元边际下资源配置效率问题（Banerjee & Moll，2010；孙元元等，2015），这些都是可以考虑的研究方向。

参考文献

[1] Aghion P., Angeletos G. M., Banerjee A., et al. Volatility and Growth: Credit Constraints and the Composition of Unvestment [J]. Journal of Monetary Economics, 2010, 57 (3): 246 - 265.

[2] Aghion, P., P. Howitt. A Model of Growth through Creative Destruction [J]. Econometrica, 1992, 60 (2): 323 - 351.

[3] Aitken B. J., Harrison A. E. Do Domestic Firms Benefit from Direct Foreign Investment? Evidence from Venezuela [J]. American Economic Review, 1999: 605 - 618.

[4] Alvarez R., Robertson R. Exposure to Foreign Markets and Plant - level Innovation: Evidence from Chile and Mexico [J]. Journal of International Trade and Economic Development, 2004, 13 (1): 57 - 87.

[5] Alvarez, Roberto, Ricardo Lopez. Exporting and Performance: Evidence from Chilean Plants [J]. Canadian Journal of Economies, 2005, 38 (4): 1384 - 1400.

[6] Amurgo - Pacheco A., Pierola M. D. Patterns of Export Diversification in Developing Countries: Intensive and Extensive Margins [J]. Policy Research Work-

ing Paper, 2008.

[7] A. M. Santacreu. Innovation, Diffusion, and Trade: Theory and Measurement [J]. Ssrn Electronic Journal, 2011 (75): 1 – 20.

[8] Anderson J., Van Wincoop E. Gravity with Gravitas: A Solution to the Border Puzzle [J]. American Economic Review, 2003 (3): 7 – 14.

[9] Antras P., Garicano L. and Rossi – Hansberg, E. Offshoring in a Knowledge Economy [J]. Quarterly Journal of Economics, 2006, 121 (1): 31 – 77.

[10] Antras, Pol, E. Helpman. Global Sourcing [J]. Journal of Political Economy, 2004, 112 (3): 552 – 580.

[11] Antras, Pol. Firms, Contracts, and Trade Structure [J]. The Quarterly Journal of Economics, 2003, 118 (4): 1375 – 1418.

[12] Arellano, Manuel, and Stephen Bond. Some Tests of Specification for Panel Data: Monte Carlo Evidence and an Application to Employment Equations [J]. Review of Economic Studies, 1991, 58 (2): 277 – 297.

[13] Armington P. S. A Theory of Demand for Products Distinguished by Place of Production [C] // International Monetary Fund Staff Papers, 1969: 159 – 176.

[14] Aw, B. Y., Roberts M. J., Xu D. Y. R&D Investment, Exporting, and Productivity Dynamics [J]. American Economic Review, 2011 (101): 1312 – 1344.

[15] Aw B. Y., A. R. Hwang. Productivity and the Export Market: A Firm – level Analysis [J]. Journal of Development Economics, 1995, 47 (2): 313 – 332.

[16] Aw, B. Y., Chung, S., Roberts, M. J. Productivity and Turnover in the Export Market: Micro Evidence from Taiwan and South Korea [J]. World Bank Economic Review, 2000 (14): 65 – 90.

[17] Bacchetta M., Jansen M., Piermartini R., et al. Export Diversification As an Absorber of External Shocks [J]. Unpublished Manuscript, 2007 (1): 7 – 14.

[18] Baldwin, John R., Wulong Gu. Export-market Participation and Productivity Performanee in Canadian Manufacturing [J]. Canadian Jounarl of Economics, 2003, 36 (2): 634-657.

[19] Bartelsman, E. J. and M. Doms, Understanding Productivity: Lessons from Longitudinal Microdata [J]. Journal of Economic Literature, 2000, 38 (3): 569-594.

[20] Bensassi S., Márquez-Ramos L, Martínez-Zarzoso I. Economic Integration and the two Margins of Trade: The Impact of the Barcelona Process on North African Countries' Exports [J]. Journal of African Economies, 2011 (1): 34-38.

[21] Bernard A. B., Eaton J., Jenson J. B., et al. Plants and Productivity in International Trade [R]. National Bureau of Economic Research, 2000.

[22] Bernard A. B., Jensen J. B., Redding S. J., et al. The Margins of U. S. Trade (Long Version) [J]. Cepr Discussion Papers, 2009, 99 (2): 487-493.

[23] Bernard A. B., Jensen J. B., Schott P. K. Trade Costs, Firms and Productivity [J]. Journal of Monetary Economics, 2006, 53 (5): 917-937.

[24] Bernard A. B., Redding S. J., Schott P. K. Multi-product Firms and Trade Liberalization [C] // 2007 Meeting Papers. Society for Economic Dynamics, 2007: 1271-1318.

[25] Bertschek I. Product, Process Innovation As a Response to Increasing Imports and Foreign Direct Investment [J]. Journal of Industrial Economics, 1995, 43 (4): 341-357.

[26] Biesebroeck J. Van, Johannes. Exporting Raises Productivity in Sub-Saharan African Manufacturing Firms [J]. Journal of International Economics, 2005, 67 (2): 373-391.

[27] Blomström, Magnus, Kokko, Ari, Zejan, Mario Carlos. Foreign Direct Investment: Firm and Host Country Strategies [M]. Macmillan, St. Martin's Press, 2000.

[28] Braymen, C., Briggs, K. and Boulware, J. R&D and the Export Decision of New Firms [J]. Southern Economic Journal, 2011, 78 (1): 191-210.

[29] Bruno Cassiman, Elena Golovko. Innovation and Internationalization through Exports [J]. Journal of International Business Studies, 2011 (42): 56-75.

[30] Buckley P. J., Clegg J., Wang C. Is The Relationship between Inward FDI and Spillover Effects Linear? An Empirical Examination of the Case of China [J]. Journal of International Business Studies, 2007, 38 (3): 447-459.

[31] Cadot O., Carrère C., Strauss-Kahn V. Export Diversification: What's Behind the Hump? [J]. Review of Economics and Statistics, 2011, 93 (2): 590-605.

[32] Carlino G. A. Knowledge Spillovers: Cities' Role in the New Economy [J]. Business Review, 2001, 7 (Q4): 17-26.

[33] Cassiman, B. and E. Martinez-Ros. Product Innovation and Exports: Evidence from Spanish Manufacturing [EB/OL]. IESE Working Paper, 2007, Mimeo.

[34] Cassiman, B. and Veugelers, R. In Search of Complementarity in Innovation Strategy: Internal R&D, Cooperation in R&D and External Knowledge Acquisition [J]. Management Science, 2006, 52 (1): 68-82.

[35] Chaney, T. Distorted Gravity: The Intensive and Extensive Margins of International Trade [J]. American Economic Review, 2008, 98 (4): 1707-1721.

[36] Chen, Wei-Chih. Innovation and Duration of Exports [J]. Economics

Letters, 2012: 305 - 308.

[37] Clegg J., Wang C. The Impact of Inward FDI on the Performance of Chinese Manufacturing Firms [M] //The Challenge of International Business. Palgrave Macmillan UK, 2004: 198 - 219.

[38] Coe, D. and E. Helpman. International R&D Spillovers [J]. European Economic Review, 1995, 39 (5): 859 - 887.

[39] Cohen, W. and Levinthal, D. Absorptive Capacity: A New Perspective on Learning and Innovation [J]. Administrative Science Quarterly, 1990, 35 (1): 128 - 152.

[40] Costantini, J., Melitz, M. The Dynamics of Firm - level Adjustment to Trade Liberalization. In E. Helpman, D. Marin and T. Verdier (eds.), The Organization of Firms in a Global Economy [M]. Cambridge, MA: Harvard University Press, 2008.

[41] Coughlin C. C., Wall H. J. Ethnic Networks and Trade: Intensive Versus Extensive Margins [J]. Economics Letters, 2011, 113 (1): 73 - 75.

[42] Cristóbal J. V. B, Baleix J. M. Impacto De Las Liberalización Comercial De Marruecos Sobre Las Exportaciones Por Regiones [J]. Revista De Economía Aplicada, 2010, 18 (52): 63 - 90.

[43] Damijan, J. P., C. Kostevc and S. Polanec. From Innovation to Exporting or Vice Versa [J]. The World Economy, 2010, 33 (3): 374 - 398.

[44] Das S. M. R, Tybout J. "Market Entry Costs, Producer Heterogeneity, and Export Dynamics", Forthcoming in Econometrica [J]. Econometrica, 2007, 75 (3): 837 - 873.

[45] Das, Sanghamitra, Mark J. Roberts, and James R. Tybout. Market Entry Cost, Producer Heterogeneity and Export Dynamics [J]. Econometrica, 2007, 75

(3): 837 – 873.

[46] Demirbag M., Tatoglu E., Glaister K. W. Factors Influencing Perceptions of Performance: The Case of Western FDI in an Emerging Market [J]. International Business Review, 2007, 16 (3): 310 – 336.

[47] Dixit, Avinash and Joseph E. Stiglitz. Monopolistic Competition and Optimum Product Diversity [J]. Ameriean Economic Review, 1977, 67 (3): 297 – 308.

[48] Dorar. Technological Innovation, Capital Mobility, and the Product Cycle in North – South Trade [J]. American Economic Review, 1986 (76): 177 – 190.

[49] Eaton J., Kortum S. International Technology Diffusion: Theory and Measurement [J]. International Economic Review, 1999, 40 (3): 537 – 570.

[50] Eaton J., Kortum S. Technology, Geography, and Trade [J]. Econometrica, 2002, 70 (5): 1741 – 1779.

[51] Eaton J., Kortum S. Technology, Trade, and Growth: A Unified Framework [J]. European Economic Review, 2001, 45 (4): 742 – 755.

[52] Eckel C., Neary J. P. Multi – product Firms and Flexible Manufacturing in the Global Economy [J]. Review of Economic Studies, 2010, 77 (1): 188 – 217.

[53] Ethier, William J. National and International Returns to Scale in the Modem Theory of International Trade [J]. American Economic Review, 1982, 72 (3): 389 – 405.

[54] Feenstra R. C, Kee H. L. Export Variety And Country Productivity [J]. Policy Research Working Paper, 2004, 74 (2): 500 – 518.

[55] Feenstra R. C., Madani D., Yang T. H., et al. Testing Endogenous

Growth in South Korea and Taiwan [J]. Journal of Development Economics, 1999, 60 (2): 317 –341.

[56] Feenstra R., Kee H. L. Export Variety and Country Productivity: Estimating the Monopolistic Competition Model with Endogenous Productivity [J]. Journal of International Economics, 2008, 74 (2): 500 –518.

[57] Feenstra R., Kee H. L. On the Measurement of Product Variety in Trade [J]. American Economic Review, 2004, 94 (2): 145 –149.

[58] Felbermayr G. J., Kohler W. Exploring the Intensive and Extensive Margin of World Trade [J]. Review of World Economics, 2006, 142 (4): 642 –674.

[59] Flam H., Helpman, E. Vertical Product Differentiation and North –South Trade [J]. American Economic Review, 1987 (77): 810 –822.

[60] Foster Lucia, John Haltiwanger, and Chad Syverson. Reallocation, Firm Turnover, and Efficiency: Selection on Productivity or Profitability [J]. American Economic Review, 2008, 98 (1): 394 –425.

[61] Funke M., Ruhwedel R. Export Variety and Export Performance: Empirical Evidence from East Asia [J]. Journal of Asian Economics, 2000, 12 (4): 493 –505.

[62] Furman J. L., Porter M. E., Stern S. The Determinants of National Innovative Capacity [J]. Research Policy, 2002, 31 (6): 899 –933.

[63] Gamberoni E. Do Unilateral Trade Preferences Help Export Diversification? An Investigation of the Impact of European Unilateral Trade Preferences on the Extensive and Intensive Margin of Trade [R]. HEI Working Paper, 2007.

[64] Gee R. E. Technology Transfer Effectiveness in University – industry Cooperative Research [J]. International Journal of Technology Management, 1993, 8 (6 –8): 652 –668.

[65] Gibbons M., Limoges C., Nowotny H., et al. The New Production of Knowledge: The Dynamics of Science and Research in Contemporary Societies [M]. Sage, 1994.

[66] Greenaway D., R. Keller. Firm Heterogeneity, Exporting and Foreign Direct Investment [J]. The Economic Journal, 2007 (117): 134-161.

[67] Grossman G. M., Helpman E. Endogenous Innovation in the Theory of Growth [R]. National Bureau of Economic Research, 1993.

[68] Grossman G. M., Helpman E. Quality Ladders in the Theory of Growth [J]. The Review of Economic Studies, 1991, 58 (1): 43-61.

[69] Grossman G. M., Helpman E. Technology and Trade [J]. Papers, 1994, 269 (1): 11-12.

[70] Grossman G. M., Helpman E. Trade, Knowledge Spillovers, and Growth [R]. National Bureau of Economic Research, 1990.

[71] Hausmann R., Hwang J., Rodrik D. What You Export Matters [J]. Cepr Discussion Papers, 2006, 12 (1): 1-25.

[72] Hausmann R., Klinger B. Structural Transformation and Patterns of Comparative Advantage in the Product Space [J]. Ssrn Electronic Journal, 2006 (1): 7-14.

[73] Helpman E., Melitz M., Rubinstein Y. Trading Partners and Trading Volumes [J]. Oxford Bulletin of Economics and Statistics, 2006, 123 (2): 441-487.

[74] Hopenhayn, H. A. Entry, Exit and Firm Dynamics in Long-Run Equilibrium [J]. Econometrica, 1992, 60 (5): 1127-1150.

[75] Hummels D., Klenow P. J. The Variety and Quality of a Nation's Exports [J]. American Economic Review, 2005, 95 (3): 704-723.

[76] Imbs J., Wacziarg R. Stages of Diversification [J]. American Economic

Review, 2003 (1): 63 - 86.

[77] Ito T. NAFTA and the Diversification of Mexicoaas exports [J]. Tadashi Ito, 2008 (1): 7 - 14.

[78] Kang K. The Export Price Index with the Effect of Variety and an Empirical Analysis [J]. Economic Modelling, 2009, 26 (2): 385 - 391.

[79] Kasahara H. , Lapham B. Productivity and the Decision to Import or Export: Theory and Evidence [J]. Journal of International Economics, 2008, 89 (2): 7 - 14.

[80] Klepper S. Entry, Exit, Growth, and Innovation over the Product Life Cycle [J]. American Economic Review, 1996, 86 (3): 562 - 583.

[81] Krugman P. R. Increasing Returns, Monopolistic Competition, and International Trade [C] // Journal of International Economics. 1979: 469 - 479.

[82] Krugman P. R. Intraindustry Specialization and the Gains from Trade [J]. The Journal of Political Economy, 1981 (1): 959 - 973.

[83] Krugman P. Scale Economies, Product Differentiation, and the Pattern of Trade [J]. The American Economic Review, 1980, 70 (5): 950 - 959.

[84] Kugler M. , Verhoogen, E. The Quality - Complementarity Hypothesis: Theory and Evidence from Colombia [R] . NBER Working Paper No. 14418, 2008.

[85] Kui Yin Cheung. Spillover Effects of FDI via Exports on Innovation Performance of China's High - Technology Industries [J]. Journal of Contemporary China, 2010, 19 (65): 541 - 557.

[86] Lall S. Competitiveness, Technology and Skills [J]. Books, 2001 (1): 7 - 14.

[87] Lall S. FDI and Development: Research Issues in the Emerging Context [M]. Centre for International Economic Studies, 2000.

［88］Lall S. Promoting Technology Development: The Role of Technology Transfer and Indigenous Effort［J］. Third World Quarterly, 1993, 14 (1): 95 – 108.

［89］Lawless, Martina. Deconstructing Gravity: Trade Costs and Extensive and Intensive Margins［J］. Canadian Journal of Economics/Revue Canadienne d'économique, 2010, 43 (4): 1149 – 1172.

［90］Leamer E. E., Levinsohn J. International Trade Theory: The Evidence［J］. Working Papers, 1994 (3): 1339 – 1394.

［91］Lu Jiangyong, Yi Lu, and Zhigang Tao. Exporting Behavior of Foreign Affiliates: Theory and Evidene［J］. Journal of International Economics, 2010, 81 (3): 197 – 205.

［92］Lucas R. E. J. On the Mechanics of Economic Development［J］. Journal of Monetary Economies, 1988 (22): 3 – 42.

［93］MacDougall G. D. A. The Benefits and Costs of Private Investment from Abroad: A Theoretical Approach1［J］. Bulletin of the Oxford University Institute of Economics and Statistics, 1960, 22 (3): 189 – 211.

［94］Manova K. Credit Constraints, Heterogeneous Firms, and International trade［J］. The Review of Economic Studies, 2012 (1): 7 – 14.

［95］Manova K. Credit Constraint, Heterogeneous Firms, and International Trade［EB/OL］. Stanford University Mimeo, 2010.

［96］Mansfield E., Rapoport J., Romeo A, et al. Social and Private Rates of Return from Industrial Innovations［J］. The Quarterly Journal of Economics, 1977 (1): 221 – 240.

［97］Mayer T., Ottaviano G. I. P. The Happy Few: The Internationalisation of European Firms［J］. Intereconomics, 2008, 43 (3): 135 – 148.

［98］Melitz Marc J., Daniel Treler. Gains from Trade When Firms Matter

[J]. Journal of Economic Perspectives, 2012, 26 (2): 91 – 118.

[99] Melitz Marc J., Stephen Redding. Heterogeneous Firms and Trade [EB/OL]. in the Handbook of International Economics 4th ed. [M]. Preliminary Draft, Forthcoming, 2013.

[100] Melitz Marc J. and Gianmarco I. P. Ottaviano. Market Size, Trade, and Productivity [J]. Review of Economic Studies, 2008, 75 (1): 295 – 316.

[101] Melitz M. J. The Impact of Trade on Intra – industry Reallocations and Aggregate Industry Productivity [J]. Econometrica, 2003, 71 (6): 1695 – 1725.

[102] Milgrom P., Roberts, J. The Economics of Modern Manufacturing: Technology, Strategy, and Organization [J]. American Economic Review, 1990, 80 (3): 511 – 528.

[103] OECD and European Commission. Proposed Guidelines for Collecting and Interpreting Technological Innovation Data: The Oslo Manual [J]. Productivity Growth and the New Economy, Paris, 1997 (1): 7 – 14.

[104] Olley, Steven and Ariel Pakes. The Dynamics of Productivity in the Telecommunications Equipment Industry [J]. Econometrica, 1996, 64 (6): 1263 – 1297.

[105] Pakes A., Schankerman M. The Rate of Obsolescence of Patents, Research Gestation Lags, and the Private Rate of Return to Research Resources [M] // R&D, Patents, and Productivity. University of Chicago Press, 1984: 73 – 88.

[106] Pavcnik, Nina. Trade Liberalization, Exit, and Productivity Improvement: Evidence from Chilean Plants [J]. Review of Economic Studies, 2002, 69 (1): 245 – 276.

[107] Petrin A., B. P. Poi, and J. Levinsohn. Production Function Estimation in Stata Using Inputs to Control for Observables [J]. The Stata Journal, 2004, 4

(2): 113 -123.

[108] Phillips R. W., Phillips R. Innovation and Firm Performance in Australian Manufacturing [M]. Industry Commission, 1997.

[109] Pillai P. M.. Technology Transfer, Adaptation and Assimilation [J]. Economic and Political Weekly, 1979 (1): 121 -126.

[110] Rivera - Batiz, L., and P. Romer, Economic Integration and Endogenous Growth [J]. Quarterly Journal of Economics, 1991, 106 (2), 531 -555.

[111] Roberts, Mark J., and James R. Tybout. The Decision to Export in Colombia: An Empirical Model of Entry with Sunk Costs [J]. American Economic Review, 1997, 87 (4): 545 -564.

[112] Rogers M. The Definition and Measurement of Innovation [J]. University of Melbourne, 1998.

[113] Romer P. M. Endogenous Technological Change [J]. Journal of Political Economy [J]. 1990 (98): 71 -102.

[114] Romer P. Endogenous Technological Change [J]. Journal of Political Economy, 1990, 98 (5): 71 -102.

[115] Sahal D. Alternative Conceptions of Technology [J]. Research Policy, 1981, 10 (1): 2 -24.

[116] Schmookler J. The Level of Inventive Activity [J]. Review of Economics and Statistics, 1954, 36 (2): 183 -190.

[117] Scott J. T., Baldwin W L. Market Structure and Technological Change [M]. Harwood Academic Publishers, 1987.

[118] Shahabadi A., Havaj S. The Effect of Technology Spillover through FDI and Import on Innovation [J]. Journal of Economic Development Research, 2011, 1 (4): 1 -20.

[119] Silva A., Africano, A. and Afonso, O. Firm Economic Performance and International Trade Engagement: The Portuguese Manufacturing Industry [J]. FEP Working Papers, 2010 (1): 369.

[120] Soete L. The Impact of Technological Innovation on International Trade Patterns: The Evidence Reconsidered [J]. Research Policy, 1987, 16 (2): 101 – 130.

[121] Stahl B. C. IT for a Better Future: How to Integrate Ethics, Politics and Innovation [J]. Journal of Information Communication and Ethics in Society, 2003, 9 (3): 140 – 156.

[122] Stewart F., James J. The Economics of New Technology in Developing Countries [M]. Pinter Publishers, 1982.

[123] Subhayu B., Coughlin C C, Wall H J. Ethnic Networks and US Exports [J]. Review of International Economics, 2008, 16 (1): 199 – 213.

[124] Trefler D. The Long and Short of the Canada – U. S. Free Trade Agreement [J]. American Economic Review, 2004, 94 (4): 870 – 895.

[125] Tybout, James R. Plant – and Firm – Level Evidence on "New" Trade Theories [M]. In Handbook of International Trade, ed. E. Kwan Choi, and James Harrigan, 2003: 388 – 415. Malden, MA: Blackwell Publishing.

[126] Ventura J. The World Income Distribution [J]. Quarterly Journal of Economics, 2002, 117 (117): 659 – 694.

[127] Verhoogen, Eric A. Trade, Quality Upgrading, and Wage Inequality in the Mexican Manufacturing Sector [J]. Quarterly Journal of Economics, 2008, 123 (2): 489 – 530.

[128] Vernon R. International Investment and International Trade in the Product Cycle [J]. Quarterly Journal of Economics, 1966 (80): 190 – 207.

[129] Wang C., Kafouros M I. What Factors Determine Innovation Performance in Emerging Economies? Evidence from China [J]. International Business Review, 2009, 18 (6): 606-616.

[130] Zeng S. X., Wan T. W., Tam V. W. Y. Towards FDI and Technology Spillover: A Case Study in China [J]. Transformations in Business and Economics, 2009, 8 (1): 50-62.

[131] [美] 克鲁格曼, [美] 奥伯斯法尔德. 国际经济学: 理论与政策 (第8版) [M]. 北京: 清华大学出版社, 2011.

[132] [美] 伍德里奇, 费剑平. 计量经济学导论 (第三版) [M]. 北京: 中国人民大学出版社, 2007.

[133] 陈爱贞, 钟国强. 中国装备制造业国际贸易是否促进了其技术发展——基于DEA的面板数据分析[J]. 经济学家, 2014 (5): 43-53.

[134] 陈磊, 宋丽丽. 金融发展与制造业出口的二元边际——基于新新贸易理论的实证分析[J]. 南开经济研究, 2011 (4): 67-85.

[135] 陈磊. 金融发展与制造业出口的二元边际研究[D]. 南开大学博士学位论文, 2012.

[136] 陈磊. 金融发展与中国省区制造业出口的二元边际[J]. 中南财经政法大学学报, 2012 (1): 71-77.

[137] 陈强. 高级计量经济学及Stata应用[M]. 北京: 高等教育出版社, 2010.

[138] 陈雯, 张翊. 研发创新与我国出口增长二元边际的提升[J]. 厦门大学学报 (哲学社会科学版), 2014 (6): 55-63.

[139] 陈甬军, 杨振. 制造业外资进入与市场势力波动: 竞争还是垄断[J]. 中国工业经济, 2012 (10): 52-64.

[140] 陈勇兵, 陈小鸿, 曹亮, 李兵. 中国进口需求弹性的估算[J]. 世

界经济, 2014 (2): 28-49.

[141] 陈勇兵, 陈宇媚, 周世民. 贸易成本、企业出口动态与出口增长的二元边际——基于中国出口企业微观数据: 2000—2005 [J]. 经济学 (季刊), 2012 (4): 1477-1502.

[142] 陈勇兵, 陈宇媚. 贸易增长的二元边际: 一个文献综述[J]. 国际贸易问题, 2011 (9): 160-168.

[143] 陈勇兵, 李伟, 钱学锋. 中国进口种类增长的福利效应估算[J]. 世界经济, 2011 (12): 76-95.

[144] 陈勇兵, 李燕, 周世民. 中国企业出口持续时间及其决定因素[J]. 经济研究, 2012 (7): 48-61.

[145] 陈勇兵, 仉荣, 曹亮. 中间品进口会促进企业生产率增长吗——基于中国企业微观数据的分析[J]. 财贸经济, 2012 (3): 76-86.

[146] 陈羽, 邝国良. FDI、技术差距与本土企业的研发投入——理论及中国的经验研究[J]. 国际贸易问题, 2009 (7): 88-96.

[147] 陈阵, 隋岩. 贸易成本如何影响中国出口增长的二元边际——多产品企业视角的实证分析[J]. 世界经济研究, 2013 (10): 43-48+88.

[148] 程玉坤, 周康. 融资约束与多产品出口企业的二元边际: 基于中国企业层面的分析[J]. 南方经济, 2014 (10): 63-81.

[149] 丁一兵, 傅缨捷. 企业出口二元边际与产业结构优化——基于跨国面板数据的分析[J]. 国际商务 (对外经济贸易大学学报), 2014 (3): 15-24.

[150] 杜健, 顾华. 基于产业技术创新的FDI技术溢出研究述评[J]. 财贸经济, 2007 (4): 47-51.

[151] 杜奇华. 国际技术贸易[M]. 北京: 对外经济贸易大学出版社, 2008.

[152] 龚向明, 强永昌. 经济规模、贸易成本与我国钢铁行业出口的二

元边际分析[J].国际商务研究,2012(1):5-11.

[153] 谷克鉴.后危机时代中国外贸宏观管理的战略调整:金融经济语境的实证描述[J].国际贸易问题,2009(12):3-8.

[154] 谷克鉴.新李嘉图模型:古典定律的当代复兴与拓展构想[J].数量经济技术经济研究,2012(3):3-18.

[155] 韩剑,陈艳.金融发展与企业出口的二元边际[J].世界经济与政治论坛,2014(1):124-141+172.

[156] 贺彩银.西部民族地区边境出口贸易的二元边际与经济增长研究[J].国际经济合作,2012(9):52-56.

[157] 康志勇.中国本土企业研发对企业出口行为的影响:"集约边际"抑或"扩展边际"[J].世界经济研究,2013(10):29-36+48+87-88.

[158] 雷日辉,张亚斌.金融发展、融资约束与出口二元边际[J].上海金融,2013(7):10-17+116.

[159] 黎伟.GVC/NVC双重嵌入中传统制造企业动态能力提升路径研究——以毛织企业为例[J].现代管理科学,2015(4):54-56.

[160] 李春顶.出口贸易、FDI与我国企业的国际化路径选择——新—新贸易理论模型扩展及我国分行业企业数据的实证研究[J].南开经济研究,2009(2):15-28.

[161] 李春顶.中国出口企业是否存在"生产率悖论":基于中国制造业企业数据的检验[J].世界经济,2010(7):64-81.

[162] 李显戈,孙林.中国对东盟出口增长的二元边际分析[J].财经论丛,2012(5):3-8.

[163] 李想,张座铭.流动性约束与企业出口二元边际——来自中国工业企业的经验证据[J].当代财经,2014(12):97-108.

[164] 李新,曹婷.企业出口动态、二元边际与出口增长:来自中国的

证据[J]. 国际贸易问题, 2013 (8): 25-37.

[165] 梁靖怡. 中国对美国出口的二元边际结构分析[J]. 对外经贸, 2012 (7): 13-16.

[166] 刘义, 阳素文. 中国农产品出口增长的二元边际及其影响因素——以蔬菜出口为例[J]. 产经评论, 2014 (3): 70-81.

[167] 刘志彪, 张杰. 全球代工体系下发展中国家俘获型网络的形成、突破与对策——基于GVC与NVC的比较视角[J]. 中国工业经济, 2007 (5): 39-47.

[168] 彭国华, 夏帆. 中国多产品出口企业的二元边际及核心产品研究[J]. 世界经济, 2013 (2): 42-63.

[169] 钱学锋, 熊平. 中国出口增长的二元边际及其因素决定[J]. 经济研究, 2010 (1): 65-79.

[170] 钱学锋. 企业异质性、贸易成本与中国出口增长的二元边际[J]. 管理世界, 2008 (9): 48-56+66+187.

[171] 曲文俏, 陈磊, 任美霞. 金融发展促进了中国制造业出口的二元边际吗？[J]. 南方金融, 2012 (11): 37-41.

[172] 茹运青, 孙本芝. 我国OFDI不同进入方式的逆向技术溢出分析——基于技术创新投入产出视角的实证检验[J]. 科技进步与对策, 2012 (10): 16-20.

[173] 盛斌, 吕越. 对中国出口二元边际的再测算：基于2001~2010年中国微观贸易数据[J]. 国际贸易问题, 2014 (11): 25-36.

[174] 史本叶, 张永亮. 中国对外贸易成本分解与出口增长的二元边际[J]. 财经研究, 2014 (1): 73-82.

[175] 斯蒂芬·马丁, 史东辉. 高级产业经济学[M]. 上海：上海财经大学出版社, 2003.

[176] 孙俊新. 贸易增长的二元边际研究述评[J]. 经济问题探索, 2014 (1): 168-174.

[177] 孙一平, 王翠竹, 张小军. 金融危机、垂直专业化与出口增长的二元边际——基于中国 HS-6 位数出口产品的分析[J]. 宏观经济研究, 2013 (5): 18-26.

[178] 孙元元, 张建清. 中国制造业省际间资源配置效率演化: 二元边际的视角[J]. 经济研究, 2015 (10): 89-103.

[179] 谭晶荣, 刘莉, 王瑞, 叶婷婷. 中越农产品出口增长的二元边际分析[J]. 农业经济问题, 2013 (10): 56-63+111.

[180] 万璐, 李娟. 金融发展影响中国企业出口二元边际的实证研究[J]. 南开经济研究, 2014 (4): 93-111.

[181] 万璐, 王颖. 贸易增长二元边际的演化与检验: 一个文献综述[J]. 国际经贸探索, 2012 (5): 48-58.

[182] 汪琦. 本土技术创新、外国技术溢出与我国制造业贸易竞争优势互动性的实证分析[J]. 国际贸易问题, 2007 (11): 89-94.

[183] 王昌林, 蒲勇健. 市场竞争模式下的技术溢出与技术创新分析[J]. 管理工程学报, 2006 (4): 98-100+145.

[184] 晨钟, 李宏. 贸易成本如何影响贸易扩张路径——基于企业异质性视角的二元边际考察[J]. 现代财经(天津财经大学学报), 2013 (8): 109-118.

[185] 王红领, 李稻葵, 冯俊新. FDI 与自主研发: 基于行业数据的经验研究[J]. 经济研究, 2006 (2): 44-56.

[186] 王俊. 跨国外包体系中的技术溢出与承接国技术创新[J]. 中国社会科学, 2013 (9): 108-125+206-207.

[187] 王亚星, 曲泉儒. FDI 技术外溢的地区差异与信用环境的门槛效应

[J]. 财贸经济, 2011 (10): 88-94.

[188] 王亚星, 张磊. 国际市场分工定位下的企业国际化经营模式选择[J]. 经济管理, 2009 (7): 46-52.

[189] 王亚星. 技术性贸易壁垒是影响我国出口贸易的最大障碍[J]. 企业经济, 2012 (3): 5-10.

[190] 杨春艳. 基于出口贸易增长的二元边际研究述评[J]. 求索, 2011 (1): 44-46.

[191] 杨媛. 技术创新对我国出口二元边际的影响机制及实证分析[D]. 浙江大学博士学位论文, 2014.

[192] 易靖韬, 乌云其其克. 中国贸易扩张的二元边际结构及其影响因素研究[J]. 国际贸易问题, 2013 (10): 53-64.

[193] 易靖韬. 企业异质性、市场进入成本、技术溢出效应与出口参与决定[J]. 经济研究, 2009 (9): 106-115.

[194] 余淼杰. 中国的贸易自由化与制造业企业生产率[J]. 经济研究, 2010 (12): 97-110.

[195] 袁其刚, 张伟, 付晓晨. 金融中介发展对出口增长二元边际影响的实证分析——基于中国制造业数据[J]. 经济与管理评论, 2013 (3): 121-127.

[196] 张杰, 郑文平, 束兰根. 融资约束如何影响中国企业出口的二元边际?[J]. 世界经济文汇, 2013 (4): 59-80.

[197] 张玉杰. 技术转移: 理论、方法、战略[M]. 北京: 企业管理出版社, 2003.

[198] 赵骅, 丁丽英. 技术溢出对企业集群技术创新能力的影响分析[J]. 中国管理科学, 2009 (1): 176-182.

[199] 朱允卫, 曹淑艳. 我国民营企业海外并购的特点及发展对策[J].

国际贸易问题,2005(8):78-83.

[200]宗毅君.出口二元边际对竞争优势的影响——基于中美1992~2009年微观贸易数据的实证研究[J].国际经贸探索,2012(1):24-33.

附 录

HS 标准对应的制造业出口商品综合分类

类别	大类	名称	包含章（二位数编码）
初级工业品	第六类	化学工业及其相关工业的产品	28~38
	第七类	塑料及其制品；橡胶及其制品	39~40
	第八类	生皮、皮革、毛皮及其制品；鞍具及挽具；旅行用品、手提包及类似容器；动物肠线（蚕胶丝除外）制品	41~43
	第九类	木及木制品；木炭；软木及软木制品；稻草、秸秆、针茅或其他编结材料制品；篮筐及柳条编结品	44~46
	第十类	木浆及其他纤维状纤维素浆；纸及纸板的废碎品；纸、纸板及其制品	47~49
	第十一类	纺织原料及纺织制品	50~63
	第十二类	鞋、帽、伞、杖、鞭及其零件；已加工的羽毛及其制品；人造花；人发制品	64~67
	第十三类	石料、石膏、水泥、石棉、云母及类似材料的制品；陶瓷产品；玻璃及其制品	68~70
	第十五类	贱金属及其制品	72~83
高级工业品	第十六类	机器、机械器具、电气设备及其零件；录音机及放声机、电视图像、声音的录制和重放设备及其零件、附件	84~85
	第十七类	车辆、航空器、船舶及有关运输设备	86~89
	第十八类	光学、照相、电影、计量、检验、医疗或外科用仪器及设备、精密仪器及设备；钟表；乐器；上述物品的零件、附件	90~92

资料来源：笔者根据相关资料整理。

致　谢

时光荏苒，岁月如梭，谨以此段文字对我博士生涯中的人、事进行感恩和缅怀。

首先，衷心感谢博士生导师王亚星教授，师恩深重，我铭记于心。是他，为我这个已届而立之年的青年人开启了人大学习之旅的大门，给予我一次难得的静心学习、增长智慧的机会。更重要的是，王老师的循循善诱，因材施教，对学生严厉而不苛责、对专业严谨兼顾创新的工作作风，让我深受启发，这将成为我以后在教育教学岗位上不断完善自我，逐步提升教学水平的一个真实榜样。博士学习过程中，王老师严格而温和，在学习上对我们严格要求，用心细致指导，既注重教授专业知识，又充分激发我们的学习热情，发挥我们的主观能动性，让我们对知识体系有了更清楚的认识，对研究方向有了更深入的见解，对自己的专业发展方向有了更多的笃信。王老师注重授业，经常通过同门研讨会、课题研究让我们掌握国际贸易相关理论知识和研究方法；他更重视传道，言传身教，让我们明白很多为人处世的道理。常言道，"学高为师，德高为范"。这不正是我们作为教育工作者所应该具备的良好品质吗？记得刚来人民大学报道时，孑然一身，王老师经常与我一起用餐，通过交流互动，启迪我的思维，提升我的精神境界。印象中，师兄师姐们喊王老师"师父"。各位同门对老师的尊敬与感激，我也感同身受。一晃四年过去了，由于地域的差距，尽管我们不能时常见面沟通，但对师父的感激之情，难以言表，无以言谢，唯祝师父师母、皮皮一家人幸福美满，健康快乐！

然后，深深感激养育我30多年的父亲、母亲。他们无私的付出以及真心的关怀，我无以为报。唯有勤奋努力，认真地经营事业和家庭，方能报答父母。父亲已是耄耋之年，头发胡须早已花白，扶着助行车前行，步伐缓慢，但父亲一生为人耿直，坚强不屈，热爱党和国家，是我一生的榜样。尽管他很少干涉我的想法，但见面时时常会念叨，"人大是经济学最高学府，抓紧时间好好学习，提升自我"。母亲善良而开朗，给予我无微不至的关怀。母亲非常好学，将近古稀之年依然坚持学习古筝等，她的好学、勤奋以及恒心让我自愧不如，但在专业领域上，我传承了她良好的品质，也必定有所作为。现在我很庆幸他们还健在，在未来的日子我将给予他们更多的陪伴和照顾。

其次，感谢我的妻子黄玉珍，我的爱人。她的默默支持以及鼓励，帮我守护家里的大后方，尽心侍奉高堂，细心照料幼儿，让我能安心地全身心投入攻读博士学位中去。妻子对我从不苛责，关心我的起居饮食，体谅我学习的艰辛，时常鼓励我勇于面对困难，战胜懦弱情绪，脚踏实地，攻坚苦难，在我完成博士论文期间不断给予我信心和力量。能娶妻如此，实为人生之一大幸事。同时，感谢我的岳母，放下自己的家庭为我照看幼儿，解我后顾之忧。感谢我的大哥黎波，激我成长、护我前行。当然，也要感谢我的宝贝儿子黎子嘉，你的欢乐与成长是我前进最大的动力。

最后，感谢其他老师、同事和伙伴们。

感谢谷克鉴教授，高级国际经济学课程为我打开新新贸易理论的研究之门。感谢易靖韬副教授，与我分享计量经济学的研究经验。感谢诺丁汉大学的王成歧教授，通过听课与小组讨论，让我对学术规范、研究方法有了更深刻的理解。感谢与我共同学习、奋斗的同门以及伙伴们，翟仁祥、蒋腾、谭波、曾珊、南大烨、李昂、孙磊、闵德寅、冯琳茹、吴明忠等。

感谢我的领导张佺举教授、帅建华教授、陈伟教授，感谢我的同事黄岳钧博士、牛文学博士、王兴教授、吴雪梅老师，感谢在我生命中给我以帮助和支持的所有人。